あなたにもある
無意識の偏見
アンコンシャスバイアス

Kitamura Hideya
北村英哉

KAWADE夢新書

無意識の偏見に気づき、致命的な失敗を犯さないために◉はじめに

くり返される「自覚なき不適切発言」

2021年2月3日、東京五輪・パラリンピック組織委員会会長の森喜朗元首相が、日本オリンピック委員会（JOC）臨時評議員会において、以下のような発言をしたと報道されました。

「女性がたくさん入っている理事会は時間がかかります」

「女性っていうのは優《すぐ》れているところですが、競争意識が強い。誰かひとり手を挙げると、自分も言わなきゃいけないと思うんでしょうね。それでみんな発言されるんです」

「結局、あんまり言うと、新聞に書かれますけど、女性をかならずしも数を増やしていく場合は、発言の時間をある程度、規制をしていかないとなかなか終わらないから困る」

この発言に対し、国内外から批判が殺到しました。インターネット上では、森氏の処遇の検討と再発防止策を求める署名活動が展開され、東京五輪・パラリンピック組織委員会

の運営の透明性確保を求める提案書を含めると、15万筆以上の署名が集まりました。

森氏は発言の翌日に謝罪と発言の撤回を表明しましたが、その後も世論の批判がやむことはなく、組織委員会の会長を辞任することになりました。

近年においては、巷《ちまた》の人の声が有効に働いたことを示すひとつの例ですが、こうした発言はなかなかなくならないという現実があります。

森氏自身も辞任後の3月26日に行なわれた政治家のパーティーの席で、「女性というには、あまりにお年なのですが……」と旧知の間柄《あいだがら》の相手であったとはいえ、公《おおやけ》の席で話すには適切な言いまわしとは思えない発言をしました。

こうした発言は、なぜくり返されるのでしょうか。

また、会議のありかたとして、女性蔑視《べっし》の問題だけでなく、押しつけ的な運営や異論を封じる体質など、かならずしもJOCだけではない、日本のあらゆる組織に見られるかもしれない問題点が今、注目されています。

アンコンシャスバイアスが抱える問題点とは

女性、男性に限らず、目上の者からのパワーハラスメントもしばしば問題となる現今《げんこん》、こうしたことの背景には、誤《あやま》った考え方が訂正されない偏《かたよ》り――バイアスというものが無意識のうちに働いていることが挙げられます。

私が専門としている社会心理学という領域では長年、こうしたバイアスや偏見についての研究が積み重ねられてきました。

そして、バイアスに本人の自覚がなく、無意識のうちに発揮されているということが見《み》出《いだ》されるようになってきたことから、「アンコンシャス（無意識の）バイアス」という現象が注目されています。

バイアスが無意識であるということは、本人もそれが間違ったことだと気づかないままに生活しているということになります。

本人が間違いに気づいていないのですから、訂正のされようもありません。他人のいる場で公言して批判を浴びる――こうして初めて気づかされることになるわけですが、社会生活としてはそれでは遅すぎます。すでにその段階で役職辞任ということになれば、その人が描《えが》いていた人生設計や将来設計はもろくも崩れてしまうかもしれません。

組織での立場が危《あや》うくなるという点で、本書で紹介・説明していることはビジネスに携《たずさ》わる多くの人たちにとって他人事《ひとごと》ではありません。バイアスから脱する方法についても最後にまとめています。この本を読むことによって、未然にさまざまな事態を防ぐことができるようになるでしょう。

そして、自分自身が失敗によって被《こうむ》る処罰や不利益という問題よりも、発言には被害者とも言える「ターゲット」があるわけで、発言が社会的に不正義であることのほうが重大な問題です。

発言者は周囲が過剰反応していると思いがちですし、事実、発言のあとに森氏はそうした態度をとり、当初は「辞任することはない」と明言していました。

本書は、個人の失敗を取り立てて、あげつらう意図によって書かれているものではありません。冒頭でわかりやすい例を挙げましたが、これらの例を通して、現今の日本社会に残る、問題のあるバイアス、これから積極的に改善、解決していかなければならない問題点のほうに焦点を当てます。問題の例、由来、解決法にわたって論じていきます。

社会心理学の視点で「無意識の偏見」を読み解く

もともと、アンコンシャスバイアスは、社会心理学者でワシントン大学教授のアンソニー・G・グリーンワルドと、ハーバード大学教授のマーザリン・R・バナージが20世紀末に開発した偏見のテスト（IAT。77ページ参照）に端《たん》を発しています。

社会心理学で扱われる「潜在態度」および、それを測定する「潜在測定」をめぐる研究が増えてきた成果を、バナージはじめ専門家たちが一般の人びとへ向けた数多くの講演など啓発活動を行なうなかで広まってきた考え方です。

アメリカのコンサルティング会社がそれに気づいて取り上げ、会社組織などに対して、多くのコンサルタントがアンコンシャスバイアス低減のセミナーやワークショップを行なうようになりました。さらにこうした先進的な取り組みに気づいた日本のコンサルタントがセミナーの方法を輸入して、今に至ります。

その一方、アンコンシャスバイアスという概念がもともと社会心理学という学問由来の話であることや、グリーンワルドとバナージが開発者であったことさえ忘れられて、セミナーなどでもその由来が語られることはめっきり少なくなってきたようです。

ここに至るまで、社会心理学の領域においての長年にわたる偏見と差別の研究が背景にありました。そこから、偏見の原因や解消法についても多くの研究がなされています。本書では、そうした内容も平易《へいい》に解説していきます。いわば、本来の信頼できる解説であって、背景には実証科学的な証拠が横たわっています。ここが単なるノウハウ本とは異なる点です。

難解な実験成果自体の話は控え、主に成果として得られたことを、日常生活に置き換えたとき、どういったことに当てはまるのか、その意味合いをわかりやすいかたちで示しています。

日本社会において、こうしたアンコンシャスバイアスに気づき、対処していくことは、ジェンダーギャップ120位の国として喫緊《きっきん》の課題です。また、障害者、外国人、年齢、病気、容姿、LGBTQにまつわる一部など、ジェンダー問題に限らず、テーマも幅広く取り上げました。

本書を読み進めながら、一緒に考えていただけたら幸いです。

北村英哉

あなたにもある　無意識の偏見　アンコンシャスバイアス／目次

1章　アンコンシャスバイアス。その正体と、深刻な害とは

2章 無意識の偏見が人間関係を蝕《むしば》んでいく…

3章

「歪《ゆが》んだ思い込み」は誰の心にも棲みついている

4章 バイアスを生み出す心の厄介なメカニズム

5章　日常のどこにでも潜むアンコンシャスバイアス

6章 多数派の「自覚なき力」に要注意

7章 無意識の偏見に気づき、乗り越えるためのステップ術

装幀◉こやまたかこ
図版◉ＡＫＩＢＡ

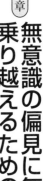

1章

アンコンシャスバイアス。その正体と、深刻な害とは

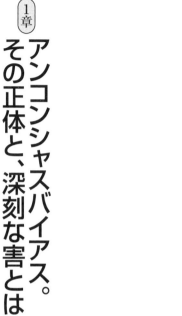

▼「アンコンシャスバイアス」とは何か?

以下に10個の考え方を示します。このうち、あなたはいくつ当てはまるでしょうか。チェックしてみてください。

表1 バイアスのチェックリスト

✓	「単身赴任中」と聞くと、父親が単身赴任中だと思う
✓	男性は基本的に家事が苦手だ
✓	女性は細やかな気配りができて世話好きだ
✓	いつも定時退社をしている社員はがんばりが足りないと感じる
✓	女性は、「気遣いが得意」「縁の下の力持ちとして周囲をサポートできる」などの強みを、もっと活かせばよいと思う
✓	育休取得や時短勤務を選択する男性社員は、昇格欲が低いと思ってしまう
✓	シニアはパソコンが苦手
✓	お酒が飲めない社員はつき合いが悪いと思う
✓	障害者は簡単な仕事しかできない
✓	会議などで意見を強く主張する女性は、自己顕示欲が強そうだ

最後のひとつは、「はじめに」でも取り上げた、森喜朗元首相の発言とよく似た趣旨です。森氏は「女性は競争意識が強い」と発言しましたが、一般のステレオタイプ（型にはまった固定的なイメージ。次項参照）では、男性のほうを競争的に見なす場合が広く見られます。

いずれにしても個人差が大きいでしょうが、最後のひとつにチェックを入れた人は、おそらく政治にかかわる女性をテレビのニュースなどで見て、そのような印象を抱いたのかもしれません。たしかに男女を問わず、とくに与党の政治家の大多数に、前に出たい、上昇したいという傾向が強いように思われます。

このリストは、職場でありがちな「アンコンシャスバイアス」の事例集です。いずれもついつい無意識にとってしまう誤《あやま》った考え方を表しています。アンコンシャスは「無意識」、バイアスは「偏《かたよ》り」という意味です。「無意識に生じる誤った偏り」ということになります。それは社会のなかで被害を生みますし、このバイアスによる失敗から責任をとらされることにもなります。

なんとなく、世の中では、「そういったことは言ってはいけない」というルールや習慣のようなものが変化してきていて、その流れについていきにくさを感じている方たちもいるのではないでしょうか。

本書では、なぜそれが誤っているのか、そして人びとはどうしてそのようなバイアスをもってしまうのか、それはどういう場面で、どういう人たちに多く見られるのか、そして、それはどうしたら防ぐことができるのかをわかりやすく説明していきます。

近年では、企業の研修でも「アンコンシャスバイアス」を減少させる研修がよく見られるようになってきており、アンコンシャスバイアスを扱うコンサルティング会社も増えてきています。

▼多くの人に浸透している「ステレオタイプ」

バイアスとは何かを考える前に、「ステレオタイプ」ということばを取り上げてみましょう。

私たちは、職業ごとに固定したイメージをもちがちです。典型的なのは「銀行員はまじめで堅い」というものでしょうか。このように、型にはまった固定的なイメージを「ステレオタイプ」といいます。

ステレオタイプは職業だけでなくジェンダー、すなわち「女性はこういったもの」「男性はこういったもの」という古い型にはまった「らしさ」としても存在します。

これらは「思い込み」といったもので、もちろん現実の職業や、男性、女性に当てはまるとは限りません。そうしたイメージどおりの人もなかには存在するかもしれませんが、イメージとは異なる人もまたたくさんいるわけです。先ほどのリストにもステレオタイプのような記述がありました。

ここで、「女性は子どもを産むもの」「女性は子どもが好き」などと決めつけると、それがまさに「バイアス」となるのです。

▼物事を歪《ゆが》んだかたちで認識してしまう「バイアス」

では、バイアスとは何でしょうか。

バイアスというのは「歪み」、つまり、何かに対して正しい認識がされていないということです。

ある女性が、おつき合いしている美大生の彼氏を実家に連れてきました。

しかし、女性のお父さんは、ふたりが交際していることをこころよく思いませんでした。美大生は「夢追い人」であり、将来「まっとうな」仕事に就《つ》いて働く人にはならないだろうと考えたのです。これこそが「バイアス」です。

つき合っている彼氏は、卒業後にデザイン事務所に入社し、インテリアデザイナーとして、大手の家具関連産業で働くかもしれません。会社員としては経済学部出身の学生と大きな違いはない可能性もあり、むしろ手に職をつけて、会社が傾いたような場合には転職や独立がしやすいことも考えられます。

美大生＝生活実感のない「夢追い人」だと決めつけるのは問題ですし、仮に夢追い人だったとしても、差別心を抱くことが適切とは言えません。

いずれにしても、ここで問題となるのは、「彼氏」がいったいどのような人であるかという事実を脇において、確かめもしないで自身のもつイメージを先行させてしまうことでしょう。

このように、その人自身の中身を考えることなしに、ステレオタイプを当てはめて決めつけたとすると、現実に目の前にいる人とは、しばしば「ずれ」が起こってしまいます。

このずれについて無頓着《むとんちゃく》であるため、20代～30代の女性に対して年配の人が「そろそろ結婚は？　つき合っているお相手はいる？」のような余計なひと言を発して、失敗してしまうわけです。これはハラスメントのスタートです。

言っている本人に、何の悪気《わるぎ》のないことも多いでしょう。

「ハラスメントなど、そんなつもりで言っていない」

「本当に親身《しんみ》に心配しているから」

と思っている人もいるかもしれません。

しかし、「無意識のバイアス」という観点から見れば、こうした失敗をするケースの多くは、まったく「善良な人びと」から発せられています。別段、女性に敵意をもって嫌っている人が意地悪で言うとは限りません。つまり、誰でもがそうしたバイアスによる失敗をするのです。

ステレオタイプという「カテゴリー」に人を当てはめようとすると、おさまらないことが出てくるのは当たり前でしょう。そこにはかならず「ずれ」が起こり、不正確となります。まさにこれが「バイアス」です。

▼脳には「分類する才能」が埋め込まれている

では、どうして人はそうした「カテゴリー」を使うのでしょうか。

カテゴリーは人に限らず用いるものです。人が周りの世界をいかに理解するかを心理学では扱います。

1 アンコンシャスバイアス。その正体と、深刻な害とは私たちは、イヌとネコの区別がつきますが、イヌもネコもそれぞれとてもたくさんの種類があります。たとえば大型犬と小型犬を見比べたとき、とても同種とは思えないかもしれませんが、それでも「イヌはイヌだ」とだいたいわかります。

人はこうした「カテゴリー分け」が得意で、3歳くらいでも「ワンワン」というカテゴリーを使ってイヌを認識できます。私たちには、こうした分類やカテゴリーの才能が埋め込まれているのです。動物や家具、乗り物、文房具といったカテゴリーを使えることは、世界の整理に役立ちます。

しかし、こうしたお得意の分類をすることが、人の集団にも及んでしまいます。

それがなぜ、問題になるのでしょうか?

▼日本的な対人関係もバイアスを加速させる

無意識のバイアスという考え方を世に出したマーザリン・R・バナージとアンソニー・G・グリーンワルドは、『心の中のブラインド・スポット』(北村英哉、小林知博共訳：北大路書房)のなかで、バナージの同僚だったカーラ先生のことを記しています。「ブラインド・スポット」とは気づきにくい点、盲点のことをいいます。

英文学が専門のカーラ・カプラン先生はキルティングの趣味があって、手先の細かい作業を上手にこなし、素晴らしい作品を製作していました。

ある日、台所で大けがをし、右手の手のひらを深く切り、すぐ病院に行きました。つれあいは、怪我《けが》の後遺症で指使いに不自由が生じないか心配して救急の医師に「大丈夫ですか？　つれあいはキルティングをするんです」と言いました。

医師は「これくらいなら大丈夫」と治療を進めます。近くで作業をしていた学生ボランティアが「カプラン教授！　こんなところで何をしているんですか」と言ったことから、カーラさんがイェール大学の助教授であることがわかったとたん、事態は急展開、コネチカット州屈指《くっし》の手の外科医がかけつけ、難しい手の神経をきちんとつなげる何時間もの手術を成功させて、カーラさんは元のようにキルティングを楽しめるようになりました。

あのままカーラさんがイェール大学の教授とわからず診療されていたらどうなっていたのでしょう。カーラさん自身、これは一種の扱いの差別だと後に語っています。

つまり、「キルティングが好きな婦人」というカテゴリーは、「イェール大学助教授」というカテゴリーより「軽く」扱われたのです。医師は少し軽《かろ》んじていたのです。そのことに、病院の救急医師自身、無自覚であったかもしれません。特に悪気もなかったでしょう。

けれども、大学助教授と知ったときに対応のモードが変わりました。このように相手の職業や地位によって対応を変えてしまうのもひとつのバイアスです。

（『心の中のブラインド・スポット』p.216-219より、筆者要約）

日本のように年齢がひとつ、ふたつ上ということで先輩には敬語を使い、「目下」には命令するという文化、これは中学生の部活のころから厳然と存在しますが、こうした人間関係ではどうでしょうか。

相手によって対応を「変えない」ということがそもそも不可能なように感じられます。英語では、sister, brotherですが、日本では妹、姉、弟、兄とはっきりと分けます。アメリカのようにお互いファーストネームで呼び合うということもあまりありません。なぜなら、社会がもともと年功序列のようにつくられているからです。だからこそ、いっそう油断ができないのです。

▼広告の「作り手」のバイアスがにじみ出ている例

広告から透けて見えるバイアスを考えてみましょう。

大学業界では学生の確保が重要ですが、とくに理系学部では、表2に見られるように女子学生が少ない傾向があります。

理系の女子学生に着目する「リケジョ」ということばがありますが、たしかに珍しい存在であることが表を見てもわかります。なかでも工学系の学部がとりわけ少なくなっています。一部の医大において、男子受験者を優遇する措置《そち》が問題になったことも記憶に新しいところです。

そんな状況を打破《だは》するために、多くの大学が、理系学部を目指す女子学生を増やすべく、さまざまな工夫を凝《こ》らしています。広告戦略もそのひとつです。

そのなかに、ひとつ気になる表現がありました。ある大学のウェブサイト内にあった、新たに設置されるデータサイエンス系の学部の新入生を募集するページです。

この新学部は男女ともに学生を募集しているのですが、パンフレットでは、さかんに女子学生が登場

表2 専攻ごとの女子学生の割合

専攻（学部）	女子学生の割合（%）
人文科学	65.4
社会科学	34.7
理学	27.0
工学	14.0
農学	44.5
医学・歯学	34.7
薬学・看護学等	67.5
教育	59.0
その他	62.2

出典：2016年度内閣府資料

します。

さらに、学部の紹介文には、データを扱うことと絡めて、「デートの仕方をデータにもとづいて考えてみよう」とし、「あの人はどんな服装が好みで、どんな食べ物が好きで、どんな映画が観たいんだろう……デートだけではなく、プレゼントを贈るのもＬＩＮＥを１つ送るのも」などとあります。

そこには、若い女性の最大の関心事は、恋愛やデートであろうという、ページ制作側の決めつけがあり、文中に現れるアイテムとしても、ファッションや食べ物など、女性誌と同様な志向性が詰まっています。

ページの色使いも、ピンクやパステルカラーで構成されていました。色についてのバイアスの定番のようなものです。

大学の学部が「まっとうな社会づくり」や「ジェンダー平等」を目標として掲げるならば、このような偏りの含まれた広告は、今ひとつフィットするものではない印象をもちました。

この例を取り上げたのは、「誰の目から見ても一発アウト」というほどの衝撃はもたないものの、制作側の「バイアス」というものがにじみ出ていると思われる例であり、この例とよく似た、危機管理上、適切とは言えない広告がここ最近の日本の広告では多い印象があるからです。

事実、この広告は1か月でウェブサイトから消えてしまいました。制作に要した手間や費用も有効活用されることなく、無駄となってしまったわけです。

▼『報道ステーション』のＣＭはなぜ炎上したのか

最近（２０２１年）では、テレビ朝日の『報道ステーション』のＣＭがやはり炎上騒ぎとなり、撤回されることになりました。

多くの職場でも話題になったといいます。放送局に勤める局員のあいだでももちろん話題になりましたが、男性社員のなかには「どこが問題なのかわからない」という声もあり、女性社員にも「これでいいじゃないか」という意見があったそうです。問題が気づかれにくいところでさまざまな軋《きし》みが起こっているのが、今の日本社会の過渡期としての現状なのでしょう。

概要はこうです。

２０２１年3月22日、『報道ステーション』のウェブＣＭが番組公式ツイッターと

YouTubeチャンネルで発信されました。

仕事から帰宅した若い女性が、テレビ通話の画面に向かって、以下のようなことを話します。

「会社の先輩、産休あけて赤ちゃん連れてきてたんだけど、もうすっごいかわいくって」

「どっかの政治家が『ジェンダー平等』とかってスローガン的にかかげてる時点で、何それ。時代遅れって感じ」

「化粧水買っちゃったの。もう、すっごいいいやつ。それにしても消費税高くなったよね。国の借金って減ってないよね？」

「あ、9時54分！　ちょっとニュース見ていい？」

そして、最後に「こいつ報ステ見てるな」という大きなテロップが出るというものでした。

このCMの問題点は、主要な登場人物である女性の、役割としての扱われ方という点にありました。

2020年6月、「美術館女子」と銘打《めいう》った読売新聞などの連載企画が、公開直後からインターネット上で激しく批判され、わずか2週間で公開終了に追い込まれました。その企画は「教えてもらうのは無知な女性、教えるのは年上の男性」という構図を示したものでした。

『報道ステーション』のＣＭも、お父さんが上から目線で（親だから仕方がないかもしれませんが）、社会的知識に関心を示す娘を見ているというかたちをとっています。これを通して、前提として「女性は社会的関心、政治的関心が薄いものである」という偏見が背後にあることが透けて見えます。

そして、炎上の主要部になったのは、その女性の発言のなかの「どっかの政治家が『ジェンダー平等』とかってスローガン的にかかげてる時点で、何それ。時代遅れって感じ」という点にありました。

たしかに「日本」自体は時代に周回遅れで走っているかもしれませんし、ジェンダーギャップ指数は世界の国々のなかで１２０位という順位です。だからこそ、ジェンダー平等をスローガンにかかげて問題解決を目指すことは、日本においては、まさにタイムリーであり、時代遅れということはまったくありません。

そうした状況に日本があることを皮肉っているのかもしれませんが、安易に「スローガンが時代遅れである」と断じる不適切さは問題を残します。

先進国ですら、ジェンダー平等が完成しているわけではなく、まだ取り組みは続けられています。どこにもパリテ（同等）ひとつ達成されていない日本社会のなかの喫緊《きっきん》の政策として、政治家がジェンダー平等を目指すのは至極当然です。

実際、多くの政治家が真摯《しんし》にジェンダー平等を掲げている現実があることを、このCMは結果的に侮辱《ぶじょく》することになっています。

3月24日に公式ツイッターアカウントで番組は謝罪、CMを取り下げるという汚点を残しました。CMの制作費が無駄になっただけでなく、番組自体の評価までも落とすという結果になったのです。

これらの軽い発言は、「今も深刻な不平等がある」という実態を否認するだけでなく、その不平等の解決に真摯に取り組む人たちに対して、冷笑《れいしょう》的な視線を投げかけることを後押ししてしまう重大な悪影響があると考えられます。

じつはジェンダー平等に対しては、世の中の冷笑的な視線という特徴的な反応がしばしば見られ、「今さら、そんなことを懸命に言わなくても」と発言を煙《けむ》たがる人も大勢いるようです。

ジェンダー問題の解決には、この冷笑に自覚的に気づき、なぜ冷笑したくなるのかを自身に問い、そして、その自分自身の狭さを打ち破ることからしか、まともな議論は成立しません。

実際にジェンダー平等の状況をメディアで見てみると、在京テレビ局では女性従業員の割合は24・2%で、課長級以上での女性の割合は15・1%にすぎないようです。役員・局長の女性比率はゼロ、もしくは非常に低く、コンテンツ制作部門（報道、制作、情報制作）の局長には女性はひとりもいなかったとBuzzFeed Japan（3月24日配信）は伝えています。

とかく、日本ではこうした重要な社会的問題に汗をかいている人たちを冷笑する傾向が一部に強く、学校文化のなかでも「物事を真面目に捉《とら》えて熱心に取り組む」態度をダサいとかウザいとかいった、洗練されていない雑な感情的言い回しで揶揄《やゆ》することが行なわれやすい風土があります。そしてそのこと自体が、問題解決の妨《さまた》げになっているひとつの原因です。

問題を直視したくない人は、揶揄することによって自分の身を守ろうとしますし、そのような態度が社会のなかに多ければ、変化は起こりません。アンコンシャスバイアスの自覚は、まさにそこに気づいて、積極的にこうした関係性を変化させていこうという気持ち

1　アンコンシャスバイアス。その正体と、深刻な害とは

を共有するスタートになると言えるでしょう。

２０２１年2月9日に開かれた、このメディアと性比率の調査にかんする会見では、日本民間放送労働組合連合会の岸田花子・女性協議会副議長が「従業員の数と役員の数に乖離《かいり》がある。作り手に多様性がないと、コンテンツにも影響してしまい、アンコンシャスバイアス（無意識の偏見）が受け手に波及するおそれもある」と危機感を示していたということです（BuzzFeed Japan 2月9日配信記事より）。キーワードである「アンコンシャスバイアス」が副議長のことばのなかに表れています。

2章

無意識の偏見が人間関係を蝕《むしば》んでいく…

▼「地位」と「自分」の区別がつかない人たち

あなたは、コンビニエンスストアで「接客態度が悪い」と店員を怒鳴《どな》りつけている年配の男性を見かけたことはないでしょうか。スーパーマーケットやホームセンターでも同様です。

店員の方たちにとって、お客さんは誰でも平等にお客さんです。同じようにコーヒーやお弁当を買う限り、とりわけ誰にていねいに接客し、誰をぞんざいに扱うのかなどのルールはもちろんありません。

インターネット上では、中高年のお客さんのなかの、一部の方たちの態度やマナーを問題視する報告が多数見られます。

たとえば、以下のような例です。

「ホームセンターでレジに割り込んできた老年の男性が、待たされたことに腹を立てて商品を投げつけ、『もう来るか！　こんな店！』と言いはなって帰った」

「お酒を買うときに、レジで年齢認証ボタンを押してもらう決まりなのに、『おれが20歳以下に見えるのか？　絶対押さないから代わりに押せ！』と言い、『代理で押すのは違法なのでご協力お願いします』と説得するのに、毎回時間がかかる」

「『ポイントカードをお持ちですか?』と尋《たず》ねると、常連のつもりだったのか、『何回、ないと言わせるんだ!』と怒る」

「『レジ袋に商品をお入れしましょうか?』と尋ねたら、店員がしている薄いゴム手袋を見て、『その手袋、何人で替えてるんだ? 汚い手で触《さわ》るな!』と絡《から》まれた」

「マイルドセブンライトは何番、というようにタバコがナンバリングされているのに、頑《かたく》なに数字で言わず、こちらが銘柄《めいがら》を知らなかったり、探すのが遅くなると、乱暴なことばでなじられた」

2017年1月に配信されたニュースにおいても、『居丈高《いたけだか》なシニア層についての店員の困惑や不快感』についての記事が取り上げられていました。その記事に寄せられた意見としては、「会社での役職が、プライベートでも通用すると思っている人が多い気がする。『誰もキミのことなんか知らないよ』と誰かが教えてあげるべきだ」というものがありました。

また、「50代以上の人たちの時代は男性が今以上に強く、尊重されていた。当時だって不満に思っていた人はいたはず」という意見も寄せられていました。

似たような状況を目撃したことがある読者の方も多いでしょう。

今の社会のありようは、「年長（高い地位）の人間は無条件に敬《うやま》うべきだ」という価値観が薄くなっていっているところです。リスペクト（尊重）されるべきは、本来その人個人の人柄や技能、能力です。年齢や地位そのものではありません。

しかし、人は地位と自分の区別がつかなくなってしまうことが多くあります。権力をもつ地位にあるから、その職権から発せられる業務命令に部下はしたがうのであって、かならずしもその人個人に心服《しんぷく》しているわけではありません。

どんなことがあってもこの上司についていこうなどと、殊勝《しゅしょう》なことを思う部下は少ないかもしれません。ただ、上司に逆《さか》らうとボーナスを減らされるので、したがっているだけという可能性もあるのです。

こうした力のことを心理学では「勢力」と呼び、ボーナスを減らす権限を振るうような勢力を「罰勢力」、評価を高くして、職階を引き上げる権限などを「報酬勢力」と呼びます。いずれも職業上の地位にともなう権限によって成立しているだけであって、その地位にある個人の人柄がエラいわけではありません。

それなのに、日本ではこの個人と職業上の権限を、区別せずに混ぜてしまう感覚が横行《おうこう》しがちなのです。

▼「無意識」だから、直しようがない?!

「無意識のバイアス」の無意識とは何でしょうか。なぜバイアスの前に「無意識」ということばがついているのでしょうか。前項の例から考えてみます。

退職によって、職業上の地位がなくなってしまった方も、これまで自分が尊重されていた日常からすぐに離れられるわけではありません。しかし、会社以外の場所で「尊重」を求めても無理な話です。本人の心のうちでは、そのあたりがまだしっくりこないのです。

その人は職歴の最後に取締役や部長といった、会社では重要な人物として大切に扱われていたのかもしれません。それでも、退職すれば「ただの人」です。

「ただの人」であることに適応できない人は、若者がなぜ自分をもっと尊重しないのか、なかなか理解できません。尊重されないことへの反発で、一段と力を見せようとして若者に威張《いば》ったり、命令したりすると、まさに「パワハラ」ということになります。

本人はこの「ずれ」や立場の変化、落差に気づいていない。だから「無意識」となります。立場の違いに無自覚であるために、不愉快も大きくなってしまいます。ついつい、いつものクセや、過去の自分との扱いの差に腹を立てて、よく立場を顧《かえり》みないまま怒るという結果になるのです。この場合の「無意識」は「無自覚」ということと、ほぼ同じように用いていることばです。

退職後ということでなくても、ふだんから尊重される社内と、社外で利用する店のお客とでは立場が異なっています。店員さんは自分の部下ではないのですから、いつでも期待どおりの応対をしてくれるとは限らないでしょう。それどころか、部下だからといって、口の利《き》き方からちょっとした振る舞いまで、すべてが自分の期待するとおりでないといけないというのも、すでにパワハラの発想です。

今の日本は、どこにでもこのような「無意識のバイアス」によるパワハラの芽があり、時代の変化にマッチしない人びとが昔のままに抱える自己イメージのために、突然パワハラの加害者として認定されてしまうような社会なのです。

前項の例でいえば、家族が「店員さんは、あなたの部下じゃないですよ」と諭《さと》してあげれば、本人も立場の違いを自覚して、自身の振る舞いに気をつけるようになるかもしれません。ですから、それほど深い無意識とも言えないでしょう。本人が薄々《うすうす》気づいていることもあります。

その人は、たとえば外国の旅行先で入ったコンビニで、日本と同じように威圧的な態度をとるでしょうか。場面によってまったく態度を変えるならば滑稽《こっけい》です。海外ではとらない態度を日本ではとるというなら、それは要するに「甘え」なのでしょう。

なぜ、「無意識」が問題になるかというと、本人が意識・自覚しているものはまだ直しようがありますが、無意識にしていることは、気づいてさえいないので、直すこと自体、難しいからです。だからこそ、これは大きな問題になりがちで、近頃世間のあちこちでニュースとなるのです。

世間では、たとえば女性蔑視《べっし》をめぐって、不適切な発言や物言いがだいぶ意識されるようになってきました。しかし、根強い習慣から無自覚にくり返される差別的な事例もあります。

妊娠、出産した女子生徒が退学になるケースもそれです。妊娠はひとりではできず、当事者はもうひとりいるはずです。しかし、出産したら一義的に母親に育てる義務があるような世間の扱い方があり、それに比べて、もう一方の当事者である男性は免責されていることもあります。

生まれた赤ちゃんをどう育てるのか。家族のサポートが必要なのは当然ですし、乳児院や養父母を探す必要が生じることもあります。養父母を探すサポートを行なっている組織もありますが、これらの手配も女性側の家族の負担になっています。

妊娠するのが罪であるかのような扱いでは、当たり前のように少子化になるでしょう。どんな状況でも社会が安心して支援するということであれば、罪ではなく、もっと子どもが祝福を受けるかもしれません。

こんな見方ひとつとっても、日本ではずいぶんとゆとりのないものの見方が横行しているようです。

近年、だいぶ理解が進みましたが、妊娠、出産の可能性のある女性社員が、いざ出産を迎えるにあたって育児休暇をとることに対し、どれだけの企業がサポートできているでしょうか。夫である男性が育休をとることにも、まだためらいや、同僚の目を気にすることが現実に起こっています。

そこで、気兼《きが》ねなく、「安心して育休をとっていいよ」という上司からの気持ちの伝達があれば、あるいは、職場での宣言があれば、みんなずっと育休をとりやすいはずです。

育休から戻ってきたときにも、問題が起こることがあります。

育児休暇から復帰した女性社員に対して、子どもがまだ小さいのだから、きつくない仕事のほうがいいだろうと、上司が気を利かせたつもりで、責任の軽い仕事ばかりを与えたとします。しかし、そうすることにより、女性社員がやりがいや充足感がもてないという不満を感じるケースがあります。相手によかれと思って配慮したつもりでも、相手の受けとめ方によってはまったく違ってしまうことがあるのです。

一番よいのは、きちんと話し合い、お互いの意向を聞いてから決めることです。

一方的な思い込み――アンコンシャスバイアスは、よい結果に結びつかないかもしれない、ということをつねに意識しておくことが大事なのです。

▼年長者が陥りがちな「年功序列」の落とし穴

相手の意見を聞かずに、自分の一方的な思い込みで済ませてしまうしくみには、権威の問題があります。

日本ではまだまだ、年功序列制度が根強くあります。プライベートな場面でも、日本人は相手の年齢をつねに気にしがちで、接し方や話し方も変わります。学校のときから先輩後輩の秩序が教え込まれているのです。

そのため、年齢が上になると、それだけで周りが忠告をしにくくなるので、うっかりすると「いつも自分が正しい」と勘違いしてしまいます。周りが何も指摘しない＝承認されている、というわけではないのです。

しかし、「批判がないこと＝承認」と人は思ってしまいがちです。これが、ていねいに相手の意向を聞かないで、独断で振る舞う心の基盤となってしまうわけです。年長者は一段と気をつけないといけません。

▼女性は本当に「数学が苦手」か？

思い込みのひとつの代表に、「女性は数学が苦手」という考えが挙げられるかもしれません。本当に、女性は数学が苦手なのでしょうか？　これを知るには、身のまわりの印象論で判断するのではなく、客観的にデータを見るべきです。

世界各国の数学、科学、読解力の成績を男女で比べたデータがあります（次ページ表3参照）。この表は、成績の悪い生徒の割合を示しています。男女それぞれのうち、何パーセントが成績の悪いレベル1とレベル2にいるのかというものです。棒グラフが成績の悪い女子の割合、ダイヤ印が成績の悪い男子の割合を示しています。

ステレオタイプ的な予測とは異なり、男子のほうに成績が芳《かんば》しくない生徒の割合が総じ

表3 読解力、数学、科学の習熟度レベル2以下の国別男女比率

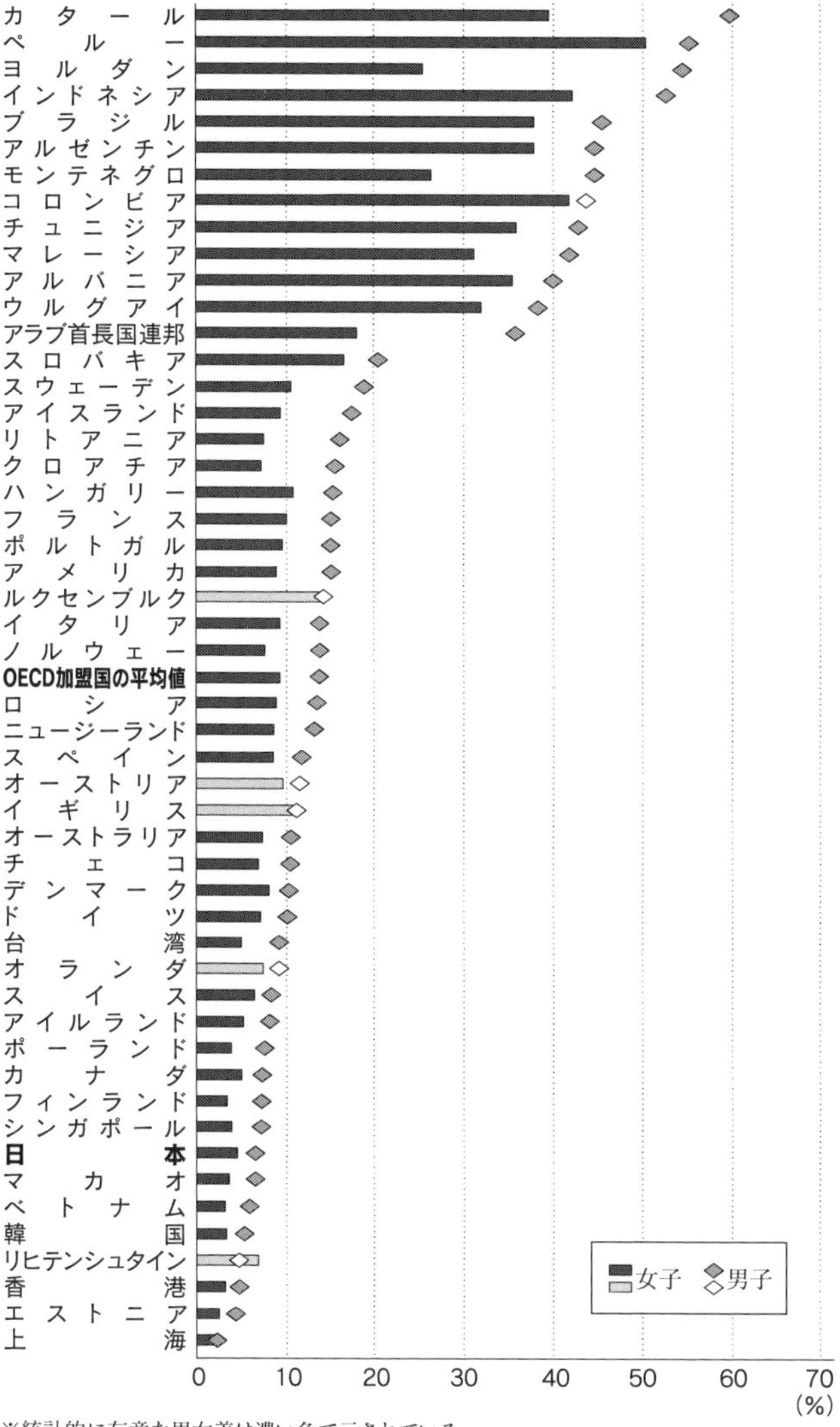

※統計的に有意な男女差は濃い色で示されている。
国・地域は、読解力、数学、科学の低成績(PISAの習熟度レベル2以下)男子の比率が高い順に配列されている。

出典：OECD,PISA 2012データベース

て多いことがわかります。これは、ジェンダー的な役割イメージを含めて学習態度の違いが現れているケースも含まれます。スウェーデン、ノルウェー、アイスランドなどジェンダー格差が小さい北欧諸国においては、女子の成績がよいことが顕著《けんちょ》に現れています。

この表からは、教育システムが他国と同等でない国、女子教育が重要とされていない文化がある国、生徒の成績が男女同等という国があることが見てとれます。

つまり、女性と男性という性別で考えた場合、生まれながらの遺伝子によって、女性は数学が苦手なのだというわけではないのです。

さらにデータを検討すると、15歳程度で比べた場合、成績が性別であまり変わりがないか、あるいは男性の成績が女性の成績を上回るかには、法則性があることがわかりました。おおむね、ジェンダー平等が進んでいない国のほうが成績の性差も大きかったのです。

ロザリンドフランクリン医科学大学のリーズ・エリオット教授らの研究では、男女の脳に、かつて言われていたような「脳梁《のうりょう》の太さ」などについて、意味のある差は見出《みいだ》せなかったことを明らかにしています。わかりやすく言えば、「男脳」「女脳」などと分けることはまったくの俗説で、根拠もないということです。平均的なからだの大きさが異なることから、脳容積こそ男女で少し違いがありますが、それ以外、相対的にどこかの部位が、いずれかの性別で拡大しているとか、なんらかの機能が強いといった違いもありません。

カーネギーメロン大学のジェシカ・カントロン教授らの研究では、脳の発達を吟味して、数学の能力に性差がないと主張しています。実際、43ページの表3のように、性差のあり方はとても多様で、その国の社会や文化のあり方の影響を受けていることがわかります。

日本は庶民教育が早くから行なわれていたことが特徴ですが、寺子屋で女子も学んでいました。しかし、割合の上では男子のほうがかなり多く、女子の場合は、裁縫《さいほう》、生け花、礼儀作法など、学ぶ内容が男子とは異なっていたこともありました。また、武士の学校である藩校などでは、女子は入学できない場合が多くありました。

日本では現在、文系と理系を高校のころから分ける教育方法が取られているため、昔からの文化的違いを引きずることが多くなっています。男性のほうが理系に向いているというステレオタイプによって、女子は理系に進みにくく、本人が望んでも周囲から反対されることもあるようです。

リーダーシップの領域でも同じです。今でも日本は役職者に男性が多いですが、中学生でさえ、合唱コンクールの指揮者を誰にするかについて、リーダーの資質を問わずに、「好成績だったときに男子の指揮者だったから」などという過去の割合（そもそも、その学校では男子が指揮者であるケースが圧倒的に多かったのです）に影響された、合理的ではない理屈によって決定された事例を学生が語ってくれたことがあります。

▼「ジェンダー平等」が進まない日本

毎日新聞の２０２１年3月31日の記事によれば、２０２０年における各国のジェンダーギャップの現状は、以下のようになっています。

「分野別で見て、日本は女性国会議員比率などに基づく政治分野が１４7位（19年１４４位）です。女性管理職比率などに基づく経済分野が１１7位（同１１5位）、識字率や在学率に基づく教育分野が92位（同91位）、健康寿命などに基づく健康分野が65位（同40位）」

（毎日新聞：２０２１年3月31日朝刊より）

順位のもととなる平等達成率が、２００6年の64・5％からほとんど変わらずに推移しています。そのあいだに、世界ではジェンダー平等への取り組みが大きく進んだ一方で、さほど変わらなかった日本が順位を下げたと考えられます。

もっとも、昔の偏見は今よりもっと強いものでした。日本においては、女性は第二次世界大戦後まで参政権がなく、家父長《かふちょう》制も強く、一部の階層では女性の人生にかかわる結婚も家どうしの取り決めによって行なうのがふつうで、選択の自由などありませんでした。女性に対する「男性よりも控えめでなければならない」「しとやかでなくてはならない」といった性別役割規範というものも強くありました。

問題は、いかにこうした地点から、意識して改善努力がとられてきたかです。社会の制度もそうですが、個人のイメージのなかにある古い性別役割観のようなものが、まだまだ残っていることが指摘されています。

小学校の教科書なども注目されるようになりました。昔ながらにお父さんが外で働き、お母さんが家事をしているような記述や挿絵《さしえ》は、性別役割観の刷《す》り込みになってしまうという主張も提起されています。

▼「男らしさ」「女らしさ」の押しつけは誰も幸せにしない

今、問題になっているバイアスの大きなものは、多様性への配慮に欠けることです。世の中は、さまざまな生き方があることを互いに認め、尊重するほうに動いてきました。

その動きについてこられていないところから、「以前のように振る舞っただけ」で、NGだと言われて驚くといったことが数多く起きています。

個人の生き方でいえば、結婚しようがしなかろうが自由です。しかし、「適齢期」と呼ばれる女性が実家に帰ると「まだ結婚しないのか、つき合っている人はいるのか」と尋《たず》ねられることがあります。

性役割の押しつけはそうした「結婚問題」にも絡んで、「女性だからきれいにしておかないと」「女性はそんな言葉づかいをしたらだめだ」「男のような振る舞いをしてはいけない」ということから進み、森元首相の問題にもつながる「女性は口出しするんじゃない」「女性は遠慮して一歩下がっているくらいでいい」「女性としての立場をわきまえろ」という、まるで女性の主張を封じるような発言へと拡大するわけです。

簡単な予防方法は、主語に一切「男性は」「女性は」をもち込まないこと、性別で物事を言わないことです。よくよく考えてみれば、なぜわざわざ性別で区分して言わないといけないのか、じつは言っている本人もわからないことが多いものです。

従来の性によるバイアスをあぶり出すために、どういうことばが性とともに認識されているか検討してみると、女性は「やさしい」「温和」「柔《やわ》らかく話す」「思いやりがある」「協調的」といったことが、「女性らしさ」として伝統的には捉えられていました。

一方、男性は「自己主張の強い」「出世意欲が高い（野心的）」「リーダーシップのある」などです。

今見ると、どちらの性質も性別問わず誰でもがもっていたらよいことです。性に限定する必要はありません。

こうした思い込みも含めた知識のひとかたまりのことを「スキーマ」と呼びます。「女性らしさ」にかかわる思い込みは「女性性スキーマ」、「男らしさ」にかかわる思い込みは「男性性スキーマ」と呼ばれます。

「男らしさ」の押しつけは、男性にとっても窮屈《きゅうくつ》です。「デートでのお店選びは男性の役割」「年収の高い、立派に稼いでいる人と女性は結婚したい」「男性が一家の主《あるじ》である」「確定申告書などは、計算に強い男性が書くもの」「男は泣いてはいけない」「男なんだからそれくらいがまんしろ」「男は体力があるのだから無限に残業しろ」……。

じつは男性優位社会である企業では、男性標準モデルで仕事が考えられているため、残業というシステムも、以前は男ならではの基準だったわけです。

家庭をもっていて、子どもがいたりしても、学校から下校した子どもに夕ご飯を用意するのは主婦である女性の役目とされていました。そうした時代にあっては、夫が夕ご飯をつくりに帰宅する必要がないからこそ、会社で出前をとりながら、夜10時でも11時まででも居残ることができたのです。

これはよく考えるまでもなく、男性もけっして幸せにしないシステムです。定時に帰ってプライベートの生活を充実させるほうが、多くの男性たちにとってもよいのではないでしょうか。

▼家族像の多様化とアンコンシャスバイアスの関係

そもそも、昭和の時代に想定されていたような「お父さんとお母さんと子ども2人」などという家族像は、今では当たり前のものではありません。

2015年の平均世帯人数は、2・33人で、1人世帯が34・5%を占《し》めています。4人世帯になると13・3%にすぎません。子どもの数を問わず、夫婦と子どもからなる世帯は26・9%で、代表的な類型とは言えない状況になっています。

夫婦のみの世帯は20・1%あります。もちろんこれは子どもが成長して独立し、高齢夫婦のみの世帯を含んでいます。

婚姻《こんいん》については、表4（次ページ参照）のように、男性の40～44歳で30％、女性の40～44歳で20％ほどが婚姻していません。もはや「結婚が当たり前」という世の中ではないのです。

25～29歳の女性の未婚率は2015年で61・3％ですから、50～60代の人が昔と同じ感覚で、20代女性に「結婚はまだ？」と問うのもまったく不適切です。何しろ過半数が実際に結婚していないのです。

いわば「結婚していないことのほうがふつう」なわけですから、結婚を勧めても、「余計なお世話です」と返されて終わり、というのも頷《うなず》ける話です。

また、ビジネスシーンでは、社員個人の婚姻状況などといったプライベートに立ち入るような発言自体がもはやＮＧになっています。

現状を知らないとうっかりもするはずで、このグラフの最新データである2015年に50代だった人が、20代の若さにあった30年前（1985年）にさかのぼると、25～29歳の女性の未婚率は30％でした。つまり7割の女性は20代後半で結婚していたのです。

50代や60代の人が、今の若い人たちが結婚していないことを不思議に思う背景も、このことを知れば、いかにもという感じです。状況は30年ほどで、驚くくらい変わっているの

表4 年齢階層別未婚率の割合

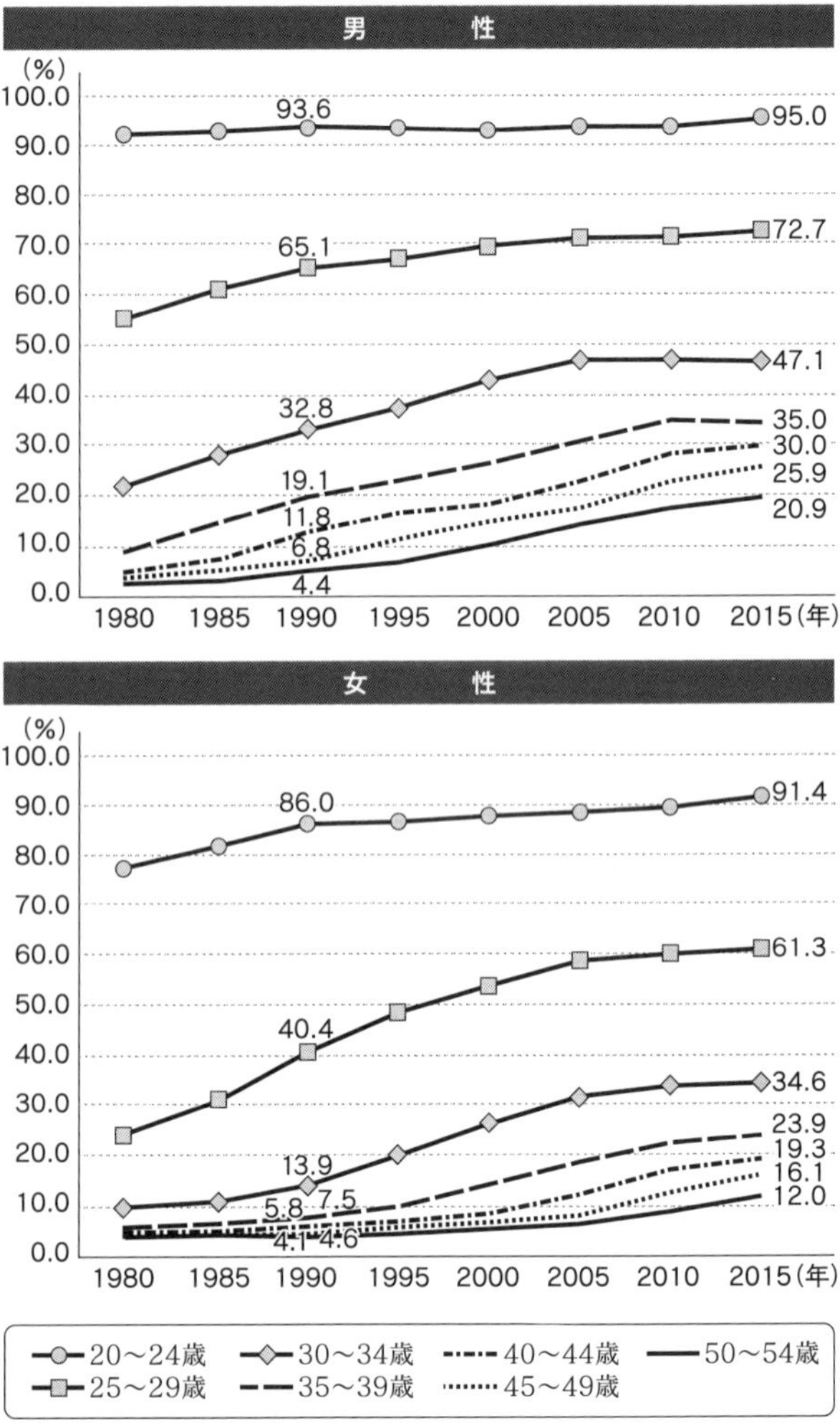

出典：総務省統計局「国勢調査」および厚生労働省年次報告書

です。

また、「男女で婚姻の結びつきを行なうのがふつうである」というのもバイアスになっています。

日本では正規の同性婚は認められていませんが、いわゆる婚姻状態にあることで享受《きょうじゅ》しやすい共同生活、借地・借家、あるいは家の購入、相続、公的手続きの代行など、多くの面で同等に近づけようと対応している自治体もあります。

２０１５年11月に東京都の渋谷区と世田谷区からスタートしたパートナーシップ制度は、２０２１年４月現在、１００の自治体で施行《しこう》されています。自治体の住民人口から見て、日本の人口の３分の１をカバーできるようになったわけです。２０２０年末の時点で、１５１６組が制度を利用し、証明書が交付されています。

これもとても大きな進展、変化であり、家族としての同居生活のあり方も多様化していることが見てとれます。もっとも、まだ人口の過半数の居住地域には至っていませんし、正規な婚姻が認められていないという問題はあります。

しかし、この問題さえ、ほんの10年前までは、ほとんど認識もされていなかったことを考えると、日本でも急速に同性愛についての理解が高まってきたとは言えるでしょう。現在も、日常において差別を受けている当事者の方が多くいるなかで、その差別が不当で不合理なものであるとの認識も確実に高まっていると考えられます。

このような点から考えても、女性に「彼氏いるの?」、男性に「彼女いるの?」と質問すること自体、本当に余計なお世話であることが認識できます。

古い常識のかたまりである「スキーマ」打破《だは》を考える時期かもしれません。こうしたスキーマが頭のなかで働くことによって、アンコンシャスバイアスがいつのまにか日常に頭をもたげてくるわけですから。

▼日本特有の「ことば」のバイアス

日本の場合、「男性特有の言葉づかい」「女性特有の言葉づかい」というものがあります。小説やマンガでも、女性の登場人物が「〜なの」「〜だわ」という語尾《ごび》を与えられていることがあります。

しかし実際には、こうした女性的語尾「だわ」のような言いまわしはあまり使われなくなってきています。

それでも、登場人物のわかりやすさを重視するからか、架空の世界ではこの区別を強調するきらいがあります。英語にはこういった表現がないにもかかわらず、洋画の字幕を見ると、「～ですわ」のような訳《やく》が見受けられます。こうしたことも、性別のバイアス（ジェンダーバイアス）を無意識に確立していくアンコンシャスバイアスが湧《わ》いてくる水源地のように働いています。

また、ＬＧＢＴＱの問題とも絡みますが、男性が標準とされる社会に女性が「進出」「適応」するのだという、ある意味一方的な社会では、女性が男性のことばを使うようになってもそれほど違和感が表れませんが、男性が「～だわ」のように女性語尾を使用すると「気持ち悪い」といったようなバイアス、偏見的な反応が寄せられることもあります。

こうした言葉づかいは自然な日常的人間関係のなかに潜んでいるので、法律で制限するような話でもありません。せいぜい、使用の模範を小学校の教科書に記載したり、テレビドラマで俳優に意識して演じてもらうことで（シナリオをきちんと用意することで）影響を与えていくしかないでしょう。

その点がまだ、メディアにも十分意識されていない部分なのかもしれません。

▼世の中に根強く残る「性別」のバイアス

女子のランドセルは赤、ピンクが購入されることが多い現状があります。

私のゼミの学生が、これに類することをテーマにして、卒業論文でデータを収集し、その結果を表にしました。オンラインで大学生231名（女性150名、男性79名、その他2名）から得た回答をまとめたものです。

リストにある各楽器について、男らしさ、女らしさのイメージを尋ねました。どの楽器についても、

①とても男らしさを意識する
②少し男らしさを意識する
③どちらともいえない
④少し女らしさを意識する
⑤とても女らしさを意識する

表5 楽器に対するジェンダー認識

楽器 ＼ 平均値	全体	男性	女性	その他
ギター	2.36	2.22	2.43	2.50
ピアノ	**3.81**	3.72	3.87	3.50
トランペット	2.97	2.96	2.96	3.50
フルート	**3.98**	3.86	4.05	3.50
アコーディオン	3.06	3.11	3.02	3.50
バイオリン	3.75	3.76	3.75	3.50
クラリネット	3.50	3.68	3.40	3.50
リコーダー・笛	3.14	3.23	3.09	3.50
ハープ	**4.16**	4.18	4.15	4.00
ドラム・太鼓	2.00	1.86	2.07	2.50

※数値が高いほど、「女性らしい」と認識されている。「男性」「女性」は評定を行なった者の性別。太字はベスト3

出典：池上彩江, 2021 東洋大学卒業論文データを参考に作成

という5つの選択肢から選ぶ方法で回答してもらっています。そして選択肢の番号を①は1……⑤は5のように、そのまま数値として集計しました。

上の表5にはその平均値を記しています。値が高いほうが「女性らしいイメージ」があるわけです。

結果を見ると、リストに挙げられた10種類の楽器のうち、もっとも女性らしいと感じた人が多いのはハープ、次にフルート、3番目はピアノ、バイオリンが4番目に女性向きと認識されていました。

実際には、バイオリン奏者は男性が多いのですが、一般では女性らしいと認識されているようです。どの楽器であろう

とも、演奏家は男女のどちらも存在します。「この楽器はこの性別向き」なんてことはないはずなのに、認識が偏ることがあるのです。

同じように、楽器とジェンダーというテーマについて調べた学生は、以下のような感想を述べています。

「今回は楽器とジェンダーの関連性にかんすることについて示しましたが、ほかにもこういったジェンダーと何かの関係性にかんする否定的なステレオタイプがいくつも存在し、そういった考え方が無意識的に男女間の能力や人柄を差別することでジェンダー問題が発生することにつながるのだと思いました」

実際、「楽器と性別イメージ」について調査した学生は、音楽ジャンル、香り、人の性質を表すことばなどについても調査を行ない、それぞれに女性らしさ、男性らしさのイメージが付着していることをデータで示しました。世の中に、あらゆることについて性別に分けた商品販売や宣伝戦略が広がっていることがうかがえます。

近頃は、女の子用、男の子用という固定観念をとっぱらったおもちゃの売り方も見られるようになってきました。男の子用に売られているロボットのようなメカが欲しかったけれど、親にねだれなかったと回想している女性もいます。

孫ができる年齢になって、よかれと思って孫のために選んで贈ったおもちゃが、親世代にとっては古くさいチョイスだと思われてしまうと悲しいでしょう。

できることなら、時代の変化にはアンテナを張っていたいものですが、ひとりでがんばらなくても、若い人に助言を求めたり、開かれた態度さえとれば、解決することも多いのが現実です。

▼人間関係を破綻させる「生き方」のバイアス

以下はインターネット上の、ある「悩み相談」サイトに投稿された「義理の姉から聞かれたり、口出しされて不満に思ったこと」を箇条《かじょう》書きにしたものです。

・預金額はいくらあるのか教えろ
・無駄だから（スマホを）格安ＳＩＭに変えろ
・食費はいくらだ
・児童手当は使わず満額残せ。それが常識
・金が貯まらないなら地元に戻れ

・共働きは子どもがかわいそう
・転職しろ。コロナになるぞ

いずれも人の生き方、生活の仕方に過剰に口を出すというものです。自分自身の人生をどのように生きようと、その自由な権利は保障されています。

しかし、まだ古い時代の不自由な価値観を背負う一部の人たちには、他者（親戚であっても）の自由を尊重するべきだというマインドは浸透していないようです。

他人の経済事情はプライバシーですし、どのように家計を運営しているかも、立ち入るべきではありません。どのようなスマホやケータイを使おうがそれこそ自由で、経費を肩代わりしているわけでもないのに、助言を超えた過度の要請は自由の侵害です。

そして、この悩み相談では、義理の姉（兄嫁）という女性自身が、子どもがいても働くという女性の生き方を選ぶことを否定しているのです。

このような悩みは非常に多いようで、ネットで「義理の姉　人間関係」と検索すると、このケースと似たような相談の記事であふれています。

1つひとつの権利侵害の問題より、単に義理の姉妹が「気に入らなかったり」「妬《ねた》んでいたり」することからくるいやがらせが多いようです。
やはり、人間関係は難しいものです。

▼思い込みが誘発する「女対男」のバイアス

世の中では、女性と男性を対照的に描いて理解しようということが多く見られるようです。かつて本のタイトルにも、『話を聞かない男、地図が読めない女』(アラン・ピーズとバーバラ・ピーズ：主婦の友社)というものがありました。

物事をこのように分けることを「二分法」といいますが、人びとは二分法的思考が好みのようです。実際に世の中で見られるものからこうした形容を拾い集め、「ジェンダー常套句《じょうとうく》」と呼んだ研究が、東洋大学大学院の倉矢匠氏によって行なわれています(次ページ表6参照)。

こうした傾向を認める人は、やはり一方で、伝統的性別役割意識を強くもつことや、社会の変化よりも現状維持を志向する傾向があることが示されています。女性側にもこの傾向を認める人たちが一定数いる事実にも注意が必要でしょう。

これを是認《ぜにん》する傾向は、権威主義的なものの考え方とも関係が見られています。とくに、

表6 ジェンダー常套句を認める平均値

ジェンダー常套句	是認度（「まったく納得できない＝0」から「非常に納得できる＝5」まで、6段階で評価した平均値）		
	全体	女性（307人）	男性（133名）
女は“共感”を求め、男は“解決”を求める。	3.37	3.51	3.22
落ち込んだ時、女は共感されると元気を取り戻し、男は励まされると元気を取り戻す。	3.21	3.41	3.01
女の恋愛は“上書き保存”だが、男の恋愛は“名前をつけて別保存”である。	3.17	3.52	2.81
女は記念日が好き、男は日常が好き。	3.06	3.11	3.01
男はナンバーワンが嬉しく、女はオンリーワンを喜ぶ。	2.98	3.34	2.61
男は空間認識能力がすぐれており、女は言語能力がすぐれている。	2.92	3.22	2.62
男は相手の“最初の男”になりたい、女は相手の“最後の女”になりたい。	2.92	3.12	2.72
男は一つのことを突き詰めるのが得意、女はマルチタスクが得意。	2.91	2.76	3.06
男は“結果”を重視するが、女は“過程”をより大切にする。	2.88	3.06	2.70
男は加点方式で女を評価し、女は減点方式で男を評価する。	2.88	3.21	2.54
男は安心すると浮気をし、女は不安になると浮気をする。	2.83	3.18	2.47
女は衝動買いをするものだが、男は買うものを決めてから出かける。	2.83	3.00	2.65
男は相手を“選びたい”、女は相手と“出会いたい”。	2.80	2.79	2.81
男は“行きつけ”の場所に行きたい、女ははじめての場所に行きたい。	2.68	2.62	2.74
男は嘘をつく時に相手から目をそらし、女は相手の目を見つめて嘘をつく。	2.60	2.87	2.33
男は人前で話が長く、女は気を許した相手に話が長い。	2.57	2.85	2.28
浮気された時、女は浮気相手の女に怒りを覚えるが、男は浮気した自分の女に怒りを覚える。	2.49	2.67	2.30
女は感情で動き、男は理屈で動く。	2.48	2.74	2.22

出典：倉矢 匠(2017). “男と女はこんなに違う！”を受け入れやすい女性―両面価値的性差別とジェンダー相違モデルの性差観との関連性―東洋大学大学院紀要, 54, 121-140.

性別で分けなくてもよいこと、また性別というよりも、個人個人の違いのほうがむしろ大きいことについては、意味のない仕分けはしないほうが健全でしょう。

こうしたアンコンシャスバイアスが漏《も》れ出るところで、うっかりした意図しないミスが生まれてくるのです。

そもそも、「女性は」「男性は」という大きな主語でものを語ることに問題があります。また、自分の個人的見解を一般化してしまうことも問題だといえるでしょう。

3章

「歪《ゆが》んだ思い込み」は誰の心にも棲みついている

▼私たちの日常は「思い込み」にあふれている

２０２０年の6月から11月にかけて、連合（日本労働組合総連合会）が5万８７１名を対象に、アンコンシャスバイアスの認識率についての調査を行ないました。次ページのグラフがその結果です（表７：２０２０年12月4日発表のプレスリリースより）。

本章は、この調査結果の分析からスタートしましょう。

この調査は、日常によくある思い込みのようなことがあるかどうか、自分に思い当たるかどうかについて、複数の回答を得ています。

意識的な回答なので、本来の意味では「アンコンシャス」とは言えませんが、それなりの数の人に思い込みが起こりやすい要素がいくつかあることがわかります。

思い込みのポイントは、「当事者と対話して意思疎通をはかって対処を決めるケースではないとき」に問題として現れます。

なかには、実態の割合を反映するのが難しい件もあります。「外国人労働者が日本の企業文化にあうのか、つい心配になる」のは、良心的に心配しているだけだと多くの人は考えるでしょう。

表7 アンコンシャスバイアスの認識率

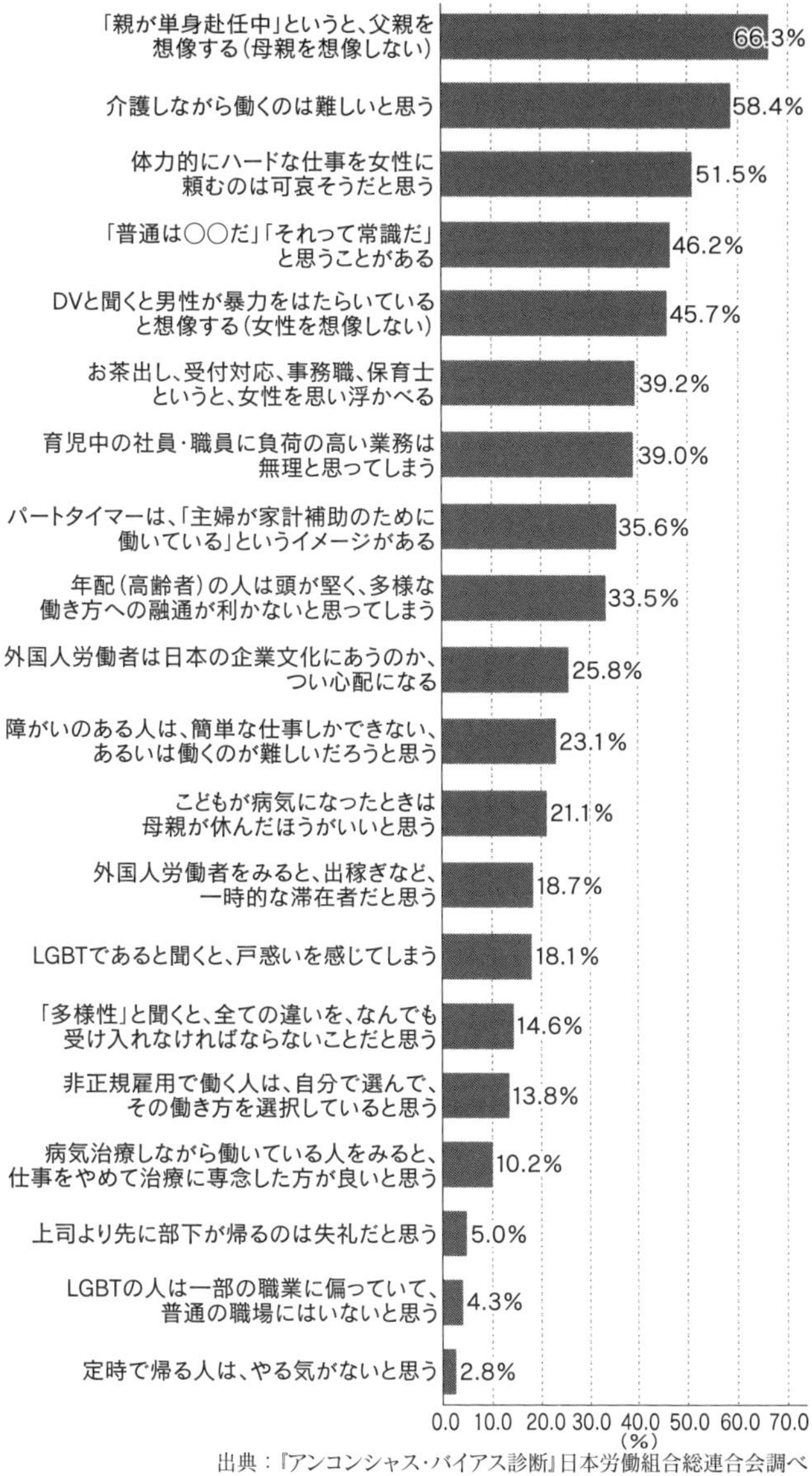
「親が単身赴任中」というと、父親を想像する（母親を想像しない）
66.3%
介護しながら働くのは難しいと思う
58.4%
体力的にハードな仕事を女性に頼むのは可哀そうだと思う
51.5%
「普通は○○だ」「それって常識だ」と思うことがある
46.2%
DVと聞くと男性が暴力をはたらいていると想像する（女性を想像しない）
45.7%
お茶出し、受付対応、事務職、保育士というと、女性を思い浮かべる
39.2%
育児中の社員・職員に負荷の高い業務は無理と思ってしまう
39.0%
パートタイマーは、「主婦が家計補助のために働いている」というイメージがある
35.6%
年配（高齢者）の人は頭が堅く、多様な働き方への融通が利かないと思ってしまう
33.5%
外国人労働者は日本の企業文化にあうのか、つい心配になる
25.8%
障がいのある人は、簡単な仕事しかできない、あるいは働くのが難しいだろうと思う
23.1%
こどもが病気になったときは母親が休んだほうがいいと思う
21.1%
外国人労働者をみると、出稼ぎなど、一時的な滞在者だと思う
18.7%
LGBTであると聞くと、戸惑いを感じてしまう
18.1%
「多様性」と聞くと、全ての違いを、なんでも受け入れなければならないことだと思う
14.6%
非正規雇用で働く人は、自分で選んで、その働き方を選択していると思う
13.8%
病気治療しながら働いている人をみると、仕事をやめて治療に専念した方が良いと思う
10.2%
上司より先に部下が帰るのは失礼だと思う
5.0%
LGBTの人は一部の職業に偏っていて、普通の職場にはいないと思う
4.3%
定時で帰る人は、やる気がないと思う
2.8%
0.0 10.0 20.0 30.0 40.0 50.0 60.0 70.0
（%）

出典：『アンコンシャス・バイアス診断』日本労働組合総連合会調べ

自分が差別するのではなく、自分以外の社会の多くの人が、日本人の働き方の習慣や職場風土を押しつけるだろう、あるいは、それはやむを得ない事実として存在するのだから、その適応にいくらか困難を感じることが当たり前だろうという考えです。

まったくそのとおりで、これは社会全体がもつバイアスを、個人が認識して懸念《けねん》を表しているといえます。

重要なのは、個人として出会ったとき、それほど苦労を感じないで適応している人もいれば、ひどく困難を感じている人もいる、という個人差があることに気づいているかどうかという点です。本当のことは相手と対話してみないとわからないということが、1つひとつについて言えます。

いきなり逆振れして、「育児中の社員・職員にも隔《へだ》てなく、全員に負荷の高い業務を与えるべきだ」となると、また困ったことになります。ポイントは人によって異なること、それは1人ひとりと対話して相談すべきことと肝《きも》に銘《めい》じることです。

▼記憶やイメージは簡単に歪められてしまう

バイアスは、誰でももっています。日常出会う出来事を理解するとき、その背景となるのは、これまでの自分がもつ知識です。

これを「スキーマ」と呼びます。私たちは赤ん坊のように何も知らない目で世界を見ているわけではありません。もしそうならば、難しい漢字で書かれた広告や看板、大人たちのやりとりの意味も理解できないでしょう。私たちの頭のなかには、すでに多くの知識＝記憶があるのです。

おもしろいことに、こうした背景となる知識は、明らかに生まれたあとに覚えたことであるのに、「記憶」という印象をもちません。記憶といえば、英単語や歴史の年号のように一所懸命覚えようとして覚えたもの、というイメージがあります。

けれども今日、会話している友達の名前も顔も私たちは記憶していて、その友達と昨日一緒に経験したことも覚えています。そう考えると、私たちは記憶なしには、ふつうの友人関係を築くことができず、日常生活さえも送ることができないことに気づきます。

ただし、記憶の経験は人によってある程度違っています。小学校時代を楽しかった思い出として記憶している人もいれば、つらかった経験のほうが多かったという人もいることでしょう。「小学校」という単語を見たときに湧《わ》き上がる気持ちも、人によって異なるのです。

ですから、「つらかった」というバイアスがあると、よくないことをさらに思い返しがちになるかもしれません。友達の小学校時代の思い出話を聴いていても、そこにネガティブなこと、自分の経験に引きつけて悲しむべき事態を思い返しながら、理解、解釈するかもしれません。これがバイアスです。

自分の記憶やイメージと一致するように実態を歪《ゆが》めて解釈してしまうことは、法廷証言を模《も》した「目撃者の証言」研究でも取り上げられています。

アメリカの認知心理学者であるエリザベス・ロフタスらが行なった実験では、2台の乗用車が衝突するフィルムを実験参加者に見てもらっています。

同一のフィルムを見たあとの質問で、何人かの人には、「自動車が激突したときにどれくらいのスピードで走っていましたか？」と尋《たず》ね、別の人たちには、「自動車がぶつかったときにどれくらいのスピードで走っていましたか？」と尋ね……というように、クルマの接触の仕方について「激突した」「衝突した」「突き当たった」「ぶつかった」「接触した」という5種類の動詞で、5群の実験参加者に異なる質問を発しました。

このときの回答は予想どおり、「激突」というもっとも強いことばで接触を表現していた場合のほうが、実験参加者はより速いスピードを報告していました。

重要なのは、その1週間後に、実験参加者に改めていくつかの質問をしたときのことです。いわば、「事件の記憶」の検証です。

そこには、「割れたフロントガラスを見ましたか？」という質問がありましたが、実際のフィルムでは、軽い衝突だったのでフロントガラスは割れていませんでした。

しかし、1週間前のスピードを尋ねる質問で「激突」という強い表現に接していた実験参加者群では、32％の者が「割れたフロントガラスを見た」と回答したのです。

一般に事件の目撃証言はあてにならないことが知られていますので、近年の重大事件の捜査では、目撃証言よりも物証のほうが重視されています。

こうした誤《あやま》った「目撃証言」に影響を受ける裁判員もいるかもしれません。このような実験成果を知らないと、「記憶はたしかなもの」と自分で思いがちだからです。

「激突」という、解釈に誘導的なキーワードを用いることで、私たちの理解の基盤は簡単に影響を受けてしまうのです。

▼なぜ、人は「ステレオタイプ」に惑わされるのか

交通事故で患者が救急病院に運ばれました。

ひどい事故で、車内にいた親子ふたりのうち、運転していた父親は即死状態、息子が重いケガを負《お》っていました。

救急担当の外科医は、その顔をひと目見て「これは私の息子です。とても自分の手では手術ができない」と言いました。

この男の子と外科医の関係は？


少し考えていただいて……いかがでしょうか。どんな関係を思いついたでしょう。

これは昔から有名なステレオタイプ体験のシナリオです。私は10歳くらいのときに初めてこの問題（クイズ）を見た記憶があります。

もっとも明確と言えるであろう解釈は、ケガをした子どもの「母親」が外科医であるというケースです。ステレオタイプの観点からは、外科医や弁護士などの専門性の高い仕事の従事者は、なんとなく男性ではないかと決めてかかる心理があるので、なかなかこの「答え」にたどりつかないで混乱するのです。

ほかにも、とくに伝統的な性役割観を強くもつ人たちにおいて、子育ては妻が従事するものという思い込みが強くあると、夜のパーティーで子どものいる女性に「今日は子どもは大丈夫？」と何げなく声をかけるかもしれません。

同様に子どものいる男性にはそうした問いかけをしないのに、女性にだけ言っているとすれば、「本来、妻は夜に子どもの面倒を見るのが当然」という性役割の押しつけが裏にあるものと言っていいでしょう。

本項の初めに記した「外科医のケース」についても、近年ではそう簡単ではありません。同性婚もヨーロッパでは広く認められる方向に進んでいます。そうすると、男性どうしが結婚して養子を得て（これも日本よりも活発です）、子どもにとってはいわゆる「お父さん」がふたりいるケースもあるでしょう。

親の再婚によって、お父さんといえる人がふたりいる場合もあるでしょう。家族の多様化の進行によって、家族メンバーのあり方は一様ではなくなっています。

ですから、私たち心理学の研究者は、子育ての話でとくに必要がない限り、「母親が」というように育児担当を母親の役割であると決めつけません。

父親のみ、母親のみ、というケースもあれば、養護施設で暮らす子どももいるし、養母、養父というケースもありますから、「養育者」や「保護者」という呼び方を用いることが多くなっています。

▼男女の「役割づけ」は近代社会がもたらした

外科医のケースで、「お父さんでなければ、じゃあ、お母さんだ」という「奨励《しょうれい》される」回答も、多くのカップルは異性愛であるという決めつけによって成り立っているところもあると考えるならば、このクイズ自体、今の時代では適切なステレオタイプのあぶり出しでもなくなってきて、すでにその役割を終えた感じもします。

また、仕事の現場で、男性と女性が連れ立って現れた場合、男性のほうが上司であると決めつけて対応すると、とんだ失礼になるかもしれません。そういったケースは、もうみなさんがすでに経験済みの状態に現代の社会はなっているのではないでしょうか。

「伝統的」とされる仕事の性役割分担においても、考古学が進展するにつれ、近年では女性も狩猟に従事していたことが知られるようになってきました。

男性＝狩猟、女性＝採集という役割は、それほど絶対的な区分ではなかったのです。農耕社会が興《おこ》ってからも田畑で両性が作業しているのはありふれている光景で、今でもふつうに見られます。男性が外で働き、女性が家のなかというのは、それほど歴史の古くない、近代の「通勤社会」ができてからの一時的現象であったとさえ言えます。

▼「障害者＝弱い存在」という思い込み

こうした男女の問題は、もっともありふれた日常に見られるバイアスの宝庫ですが、他の現象にも目を向けると「障害者」＝「弱い存在」という固定イメージなどもあります。

障害をもつ人は支援が必要な存在である、というスキーマ、そうした色眼鏡《いろめがね》で見ていると、あたかも子どもに対するがごとく接する、というバイアスも生まれます。

足が不自由で車椅子で移動をしている――それ以外は健常者と同じ人に向かって、膝《ひざ》を折って、目線の高さを同じにするのはいいとしても、まるで幼い子どもに対するように「わかりやすい、やさしい」ことばで話しかける人がいます。車椅子で移動していてもその人はふつうの日本語の会話で当たり前に理解することができるのにです。足の障害なのに、頭の働きまで影響を受けていると考えること自体、大変に失礼な話です。

こうしたバイアスには、「ポジティブ」か「ネガティブ」か、判別しにくいものもあります。たとえば、テレビドラマなどでは、障害者がしばしば「健気《けなげ》で」「懸命な努力」をし、周囲の人びとを思いやり、気づかい、そして感動を呼ぶようなシーンに登場することが見受けられます。

この「障害者はみな、心の美しい人たち」というのもバイアスです。健常者が「勝手に」そのようなイメージをもっていることが問題なのです。

誰でも、突然に障害を負う可能性はあります。障害をもっている人も、その障害以外の属性は、健常者たちの属性と、割合も平均値もまったく変わりません。あえて言えば、社会の保障がしっかりしていないこともあって、経済的に豊かである割合に違いがあるかもしれませんが、性格に違いがあるわけではありません。

障害者に「心やさしい気持ち」や「あたたかな人柄」を無条件に期待することは、障害者にとっても負担となります。

そのような点では、「ポジティブな目」で見ることも負担を増加させることにつながる場合があり、一番いいのは、やはり変なバイアスがなく、より現実的な事実と向き合い、1人ひとりの相手ときちんと出会って、その人の独自性を認めて、ていねいなコミュニケーションを行なうということに尽きるのです。

▼あなたの心に巣食う「バイアス」をあぶり出す

社会心理学で、バイアスや偏見を見るのに、潜在連合テスト（ＩＡＴ）というものがあります。簡単な方法で、自分自身のバイアスに気づくことができるのです。

次ページの図を見てください。真ん中の列とその左右にことばが列挙されています。

左右には、学問分野として人文学か自然科学か（おおまかにいって文系か理系か）、人物は男性か女性か、というカテゴリー分けが示されています。

このテストでは、真ん中の列にあることばを、上から順番に1つひとつ、左右のカテゴリーに分類していきます。1つひとつのことばを、左側のカテゴリーに当てはまるか、右側のカテゴリーに当てはまるか瞬時に判断し、左右どちらかの［　］にチェック（✓）を入れます。

制限時間は20秒です。一番上から飛ばさないで順番に進めていきます。深く考えていては、すぐにタイムアップです。ストップウオッチで計りながらやってみましょう。人に計ってもらったほうが、厳密に計測できますし、やりやすいかもしれません。

Aのリストをチェックしたあと、Bのリストへと移ります。カテゴリー分けが左右で入れ替わっています。このことに注意してください。

制限時間はAのリストと同じく20秒間です。ちなみに、テストの順番は、BのリストーAのリストとなっても構いません。

IAT【A】

	[ ]	宇宙工学	[ ]	
女性 または 自然科学	[ ]	おじさん	[ ]	男性 または 人文学
	[ ]	情報工学	[ ]	
	[ ]	娘	[ ]	
	[ ]	芸術学	[ ]	
	[ ]	おばあさん	[ ]	
	[ ]	英文学	[ ]	
	[ ]	夫	[ ]	
	[ ]	物理学	[ ]	
	[ ]	息子	[ ]	
	[ ]	化学	[ ]	
	[ ]	おばさん	[ ]	
	[ ]	父親	[ ]	
	[ ]	機械工学	[ ]	
	[ ]	母親	[ ]	
	[ ]	哲学	[ ]	
	[ ]	妻	[ ]	
	[ ]	歴史学	[ ]	
女性 または 自然科学	[ ]	仏文学	[ ]	男性 または 人文学
	[ ]	おじいさん	[ ]	
	[ ]	物理学	[ ]	
	[ ]	おじさん	[ ]	
	[ ]	化学	[ ]	
	[ ]	おばさん	[ ]	
	[ ]	歴史学	[ ]	
	[ ]	息子	[ ]	
	[ ]	仏文学	[ ]	
	[ ]	英文学	[ ]	
	[ ]	妻	[ ]	
	[ ]	哲学	[ ]	
	[ ]	夫	[ ]	
	[ ]	機械工学	[ ]	
	[ ]	おじいさん	[ ]	
	[ ]	宇宙工学	[ ]	
	[ ]	おばあさん	[ ]	
女性 または 自然科学	[ ]	化学	[ ]	男性 または 人文学
	[ ]	父親	[ ]	
	[ ]	情報工学	[ ]	
	[ ]	娘	[ ]	
	[ ]	おじさん	[ ]	

IAT【B】

	[ ]	宇宙工学	[ ]	
	[ ]	おじさん	[ ]	
女性または人文学	[ ]	情報工学	[ ]	男性または自然科学
	[ ]	娘	[ ]	
	[ ]	芸術学	[ ]	
	[ ]	おばあさん	[ ]	
	[ ]	英文学	[ ]	
	[ ]	夫	[ ]	
	[ ]	物理学	[ ]	
	[ ]	息子	[ ]	
	[ ]	化学	[ ]	
	[ ]	おばさん	[ ]	
	[ ]	父親	[ ]	
	[ ]	機械工学	[ ]	
	[ ]	母親	[ ]	
	[ ]	哲学	[ ]	
	[ ]	妻	[ ]	
	[ ]	歴史学	[ ]	
	[ ]	仏文学	[ ]	
女性または人文学	[ ]	おじいさん	[ ]	男性または自然科学
	[ ]	物理学	[ ]	
	[ ]	おじさん	[ ]	
	[ ]	化学	[ ]	
	[ ]	おばさん	[ ]	
	[ ]	歴史学	[ ]	
	[ ]	息子	[ ]	
	[ ]	仏文学	[ ]	
	[ ]	英文学	[ ]	
	[ ]	妻	[ ]	
	[ ]	哲学	[ ]	
	[ ]	夫	[ ]	
	[ ]	機械工学	[ ]	
	[ ]	おじいさん	[ ]	
	[ ]	宇宙工学	[ ]	
	[ ]	おばあさん	[ ]	
	[ ]	化学	[ ]	
女性または人文学	[ ]	父親	[ ]	男性または自然科学
	[ ]	情報工学	[ ]	
	[ ]	娘	[ ]	
	[ ]	おじさん	[ ]	

20秒で、それぞれ何行目まで進むことができましたか？　その数を数えてAとBで比べてみてください。


多くの人は、Bのリストのほうが進めやすかったのではないでしょうか。

その原因は、多くの人たちの頭のなかに、理工学のような学問分野を学ぶ人は男性が多いというイメージが強くあるからです。それは、すでに見たように日本の大学の学部、学科での男女比率を考えると現実でもあります（表2：25ページ参照）。

そのため、Bのリストのような性役割「イメージ（ステレオタイプ）」と対応している場合のほうがスムーズにテストが進められるのです（仮に「一致ブロック」と呼びます）。

逆に、Aのリストのように、伝統的ステレオタイプと逆の組み合わせをもっている場合（同様に「不一致ブロック」と呼びます）には、ミスも多く、進めるのに時間がかかります。

そして、肝心な測定としては、この時間の差、あるいは速さの差を分析します。

もちろん1人ひとりを見れば、女性の理学研究者は、大学にも企業にも大勢います。食品会社や製薬会社、化粧品会社では大勢の女性が研究所で働いていますし、女性の技術者、女性のエンジニアも増えています。

それなのに、私たちの頭のなかでのつながりでは「男性＝理工系、女性＝人文系」というイメージがまだまだ強くあって、こうしたテストを行なうと、その違いが如実《にょじつ》に反映されるのです。

▼無意識の偏見を浮き彫りにするIATのメカニズムとは

ＩＡＴは、アンソニー・Ｇ・グリーンワルドと、マーザリン・Ｒ・バナージによって開発されました（『心の中のブラインド・スポット』北村英哉、小林知博共訳：北大路書房より）。彼女たちはまず、「白人vs黒人」と「ポジティブな語vsネガティブな語」の組み合わせで実験を行ないました。

通常のＩＡＴを行なうためには、「男性／女性」のような、相対するカテゴリーふたつと、それと関連づける属性ふたつの組み合わせが必要になります。

ステレオタイプを見ていく場合は、日常世界で関連のありそうな性質と組み合わせることが多く、「男性／女性」と「自然科学／人文学」もそうでした。しかし、とくに直接なんの結びつきもない一般的な「ポジティブ語／ネガティブ語」を用いることで「感情的な」偏見を測定することができます。

「平和」「戦争」「友情」「事故」「優勝」「成功」など、とくに意味的に「対《つい》」をつくる必要はないので、厳密には同程度のポジティブさ、ネガティブさがそろっていれば問題はありません。別段、友情や戦争が、概念として黒人や白人に結びついているわけではないのです。

「こんな関係ない語でトライして、有意な差が得られるのか」と、いぶかしく思われるかもしれませんが、意外にきっちりと差が出てきます。

それはまさに、出された「カテゴリー」にネガティブなバイアスがあることの反映で、そのネガティブさ、つまり回答者の偏見が強い場合のほうが、やはり不一致ブロックに時間がかかってしまい、一致ブロックのほうが速く進みます。

ちなみに、実際の実験では、紙と筆記用具を用いて自分で時間を計りながら行なうわけではなく、パソコンを用いて行ないます。インターネット上にはIATを受けられるサイトもあります（次ページ側注参照）。

本書では、20秒という一定時間の制限で何行目まで進むかを見ましたが、実際は、分類タスク（右のキーを押すか、左のキーを押すか）のスピードを1000分の1秒単位で測定します。

1つひとつの項目で回答にかかった時間を計るのです。ひとつの分類課題40語に対する「反応時間」を平均することで指標としていますから、非常に厳密です。

IATをやってみると、バイアスは誰にでもあることがとてもよくわかります。開発者のバナージでさえ、自身が女性であるのに、「不一致ブロック」のほうに時間がかかっていることを述べています。

もちろん、原理的なあるべき「不一致」と言っているわけではなく、理想は「差が生じない」反応で、どちらにも困難度の違いを感じない状態が目指されるわけです。

しかし、不一致ブロックと学術的に呼ぶ場合は、とりあえず「名前」が必要なので、社会の現状において観察されやすい偏見が何かを告発する意味でも、偏見の状態＝頭のなかでは一致と感じられる状態という意味で、「一致ブロック」と呼んでいます。

アメリカでは白人の人びとに対してIATを試行すると、黒人がネガティブと組み合わされたブロックでの反応時間が速くなります。これがアンコンシャスバイアスです。

つまり、この回答は意識して違いを出しているわけではなく、頭のなかのつながりが不可避的、自動的に影響してスピードに反映されてしまうので、自分でコントロールするこ

●IATテスト　https://implicit.harvard.edu/implicit/japan

とが難しいわけです。

IATは、まさに気づかずにバイアスをさらけ出してしまうことになるので、アンコンシャスバイアスのもっとも一般的な測定に用いられているのです。ここがアンコンシャスバイアスの「アンコンシャス」という語が誕生した大本《おおもと》なのです。

▼IATは社会状況の改善に有用なツール

IATによるアンコンシャスバイアスの測定は、回答者個々人のバイアスであって、その回答者の偏見を断罪するために行なっているのではありません。社会の偏見の状況を改善するための手続きなのです。

順を追って説明しましょう。

社会から偏見を減《げん》じるような学術的研究を行なうためには、まず現在の偏見の状態を知らなければなりません。

そして、その偏見の状態を知ったうえで、研究者はなんらかの方策、対策を考えます。たとえば、黒人も白人もひとつの人類の仲間、ひとつのグループだと考えてみます。こうした考え方は、偏見の呪縛《じゅばく》から解き放たれて、平等な世界へ一歩を踏み出す手がかりとなります。

中学生や高校生にこうした見方を教えたあとに、もう一度ＩＡＴを行なうと、全体として偏見の減少が起きていることがわかったりします。

ただし、ある介入、ある授業が偏見の減少に役立つかどうかを科学的に検証するためには、授業の前（直前ではなく、ずっと前であってもかまいません）、授業のあとに同じような測定を行なう必要があります。

つまり、ＩＡＴは集団の全体的な傾向、全体の平均値として、ある介入条件を試した場合に、それが偏見減退の効果を発揮したかどうかを検証するために必要なツールであって、１人ひとりの偏見状態の診断ツールとして用いるには荒すぎる、誤差の大きい測定値になっているのです。

そうは言っても、正しい測定ができるツールをもたないと、介入や教育改善、あるいは社員研修の効果を科学的に検証できませんし、科学的に効果が不明確なものに研修費用を払うかどうかという問題にもなります。

ＩＡＴは集団のある時、ある状態での全体的様子を見るには十分なツールであって、現実にそのように活用されています。

これによって世界じゅうの何百万のデータがアメリカ・ハーバード大学のサーバーに集まっており、体型の見かけや年齢に対することなど、多くのテーマについて世界や人種を超えた共通のバイアスが、誰にでも見られることを示しています。

4章

バイアスを生み出す心の厄介なメカニズム

▼誰もが経験している「自己評価維持モデル」とは

この章では、アンコンシャスバイアスが生じる原因や、心理学で指摘されているメカニズムについて取り上げます。

基本的に、人が生きるうえで一番大切なものとして、まず自分を優先することが多いのは事実です。とりあえず、これを「エゴ」の要素としておきましょう。世の中には、自分を犠牲にしてでも他人の幸福を第一に考えるという愛他《あいた》的な人もいますが、自分の命を投げ捨ててまで、赤の他人を救おうとする人はとても少ないのです。

人は、生物として生きるほうに動機づけられている存在です。そのため、自分が傷つかないように警戒するしくみが備わっています。本来は、ケガをしないようにと身体《からだ》を守るシステムがありましたが、心をもつにしたがって、「心も傷つかない」ようにしたいという欲望も備えられてきました。

そのひとつが自己肯定感や自尊心（セルフ・エスティーム）と呼ばれるものです。これらがいわゆる「エゴ」の要素となります。

人との相互作用は楽しみを与えるものですが、傷を与えることもあります。自分が得意で秀《ひい》でていると思っていた事柄を、自分よりもっとやすやすと上手に行なう人を目《ま》のあたりにしたら、誰でも少なからずショックを受けるでしょう。

この「自分の価値が脅《おびや》かされる感じ」を、アメリカの社会心理学者エイブラハム・テッサーは、「自己評価維持モデル」として理論化しました。

テッサーが重要な要素として挙げたのは、その得意とすることなどの「遂行《すいこう》」、比較をする相手との近さである「心理的近さ」、そしてその事柄の自分にとっての「重要性」です。

みずからにとって重要ではないこと、たとえば、自分がプロのミュージシャンを目指していないなら、友人がプロミュージシャンになることを喜べますし、友人のＣＤが売れることも誇らしく感じ、自分自身はあまり傷つきません。

なぜなら、自分がそこで勝負しているわけではないからです。

▼人はどんなとき「相手に対する恐れ」を覚える？

自分が勝負している重要性の高いところで、世界一のパフォーマンスをテレビかインターネットで見たとします。自分自身が今、世界一に近づけている感覚をもっている人でない場合は、そのパフォーマンスは雲の上のものであって、実際に自分と比較したりするレベルのものとは感じられない場合があるでしょう。

これが「心理的な近さ」の問題であり、心理的距離が遠い場合、雲の上の人のパフォーマンスがどんなにすごくても、自身が決定的に傷つくわけではありません。実力の近い知った人のほうがライバルだと感じられやすいのです。

つまり、こういうわけです。人は自分が「重要」と思っている領域で、「心理的に近い人」と比べて、「遂行」が劣《おと》ったり、負けたりしそうになるときにもっとも不安や脅威を感じるのです。これもエゴの問題です。

スポーツ選手も、兄弟や姉妹で同じ競技をしている場合は、こうした葛藤《かっとう》も強いものと思われます。

ただし、日本は年功序列もある社会ですし、経験年数を重ねることで追いつく可能性もあります。現時点で兄や姉、先輩が自分より遂行が高くても、この先同じ年齢になったとき、同じくらいのことができるかもしれないと思えば、脅威に感じる必要はありません。

しかし、逆に弟や妹、後輩が自分の遂行を超えてしまったとしたら、どうでしょうか。それは時間が解決する問題ではなく、現在の時点である意味、完敗しているということになりがちです。非常に強いストレスがかかり、つらく感じられるものと思います。

▼自尊心を保護しすぎることの悪影響

スポーツに限らず、優《すぐ》れた遂行を見ると、自分の勝負の「場」を別のところに移そうと考える人も出てきます。「重要度」を下げることで対処するわけです。

もし、離れることができれば、見ないように、つき合わないようにするかもしれません。これが「心理的距離の調節」です。そうはいっても、相手が兄弟姉妹なら難しいかもしれませんが……。

自分が年長であれば、先に道を歩いていますから、すでに経験を重ね、その領域あるいはその組織、活動グループ、職場のなかで、自分の位置を確保していることでしょう。

それでも、あとから優秀な人物が入ってくれば、定位置である自分のポジションが奪われるのではないかと、脅かされる感じを抱くかもしれません。そういった脅威を感じる前に、先手必勝だと新人いびりをする人もいるかと思います。

考えてみれば、すでに中学の部活においても、優秀な後輩がいれば、自分のレギュラーポジションが奪われるかもしれないという不安を覚えるものです。年齢にかかわらず、なかなか寛大な気持ちではいられないことでしょう。

しかし、ちょっと大局的に考えてみると、組織の1人ひとりのメンバーがこういった恐れを抱いて、自分たちより優秀でない者だけを好意的に扱い、優秀な者を蹴落《けお》としたり、意地悪をしたり、足を引っ張ったりすると、組織全体のパフォーマンスは進歩することなく、それどころか年々下がっていくことでしょう。縮小再生産ですね。

組織全体が活性化し、利益が向上すれば、自分自身の給与も上がるかもしれませんし、優秀な者を排除すると倒産してしまうかもしれません。

そうなれば、元も子もありません。自分の狭い心での自尊心の維持、ポジションを死守するために、結局は自分自身が損をしてしまうのです。

しかし、組織のなかでは、こうしたポジション争いをするようなことが日常的に生じます。そこに女性社員が参入しても、同じようなことが起こります。もし、企業がさかんに女性社員を採用するようになれば、その代わりとして男性社員の採用が減り、社内で男性の存在感が徐々に低下していくかもしれません。

とはいえ、実際には、そんな簡単に長年の男性優位社会が崩れることはないでしょう。それは、今の日本企業を見ていれば明らかです。

それでも、マジョリティ（多数派）側が不安を感じる場合があるのです。言ってみれば「過剰防衛」かもしれません。

そうすると、とくに目立つ、主張の強い女性に会ったときに、何か嫌《いや》みでも言ってやりたいと思う気持ちがおじさんたちに生じることは十分あり得るでしょう。このような場面が今、事件になるような失敗として報道されることの因《もと》の種であるわけです。

知らず知らずに優秀な女性たちにいらついたり、不安を感じたりするのは、世の中を「男性」「女性」というカテゴリーで眺《なが》めすぎているということです。

実際は、この区別はあまり意味がないかもしれません。企業全体の業績や集団のパフォーマンスを考えれば、「いかに協力のかたちをつくるか」ということこそが重要な課題であり、その貢献が女性によるものか、男性によるものかはどちらでもいいことに違いありません。

自分のポジションについて、過剰に不安を感じすぎるのも問題です。かえって立場を失う失敗をしてしまう危《あや》うさがあります。

自分にきちんと自信をもち、人を妬《ねた》むことなく、足を引っ張ることなく、堂々としているほうが、結局は他人から評価される人になると考えられるでしょう。

▼バイアスには、ストレス解消の働きもある

さらに歴史を振り返ると、こうしたバイアスの現れが自身のポジションが脅かされる不安を呼ぶだけでなく、バイアス自体にストレス解消のはけ口としての働きがあることもわかります。

自分を他人と比べがちな人間の業《ごう》としての性質から、私たちは恵まれている他者を見て妬むだけではなく、恵まれない状態であったり、自分たちより「下にいる」と感じられる人びとを見ることで慰《なぐさ》められるという罪深さからなかなか逃れることができません。

江戸時代でも、年貢の重さに苦しんでいた農業従事者が、その下の階層とされていた人たちを攻撃したり、排除したりすることによって、自分の立場が相対的に上昇する気分を味わっていました。

今もPTSD（災害などのトラウマ的な経験のあと、それがフラッシュバックすることや、とくにしばらく時間が経過してから脱力感や無力感を感じ、抑うつに陥《おちい》るような心的傷害状態）に陥った人が、さらに恵まれない状況にある人（肉親を多く亡くした人など）に想いを馳《は》せて、気を取り直そうとすることがあります。

こうした場合、他者をさげすみたいわけでも、とくにいい気分になりたいわけでもありません。そういった悪気など一切なく、そうしなければ、今の自分をまともに保つことができないという必然的な状態として、「自分はまだ幸運だった。もっとひどい目に遭《あ》った人がいる」と考えることが、毎日の一歩を踏み出す糧《かて》になっているのです。心理学の理論でも、これは「立ち直りの過程の一歩」と位置づけられて理解されています。

このように、自分よりも苦難を受けている人、下に見られる人と自分の置かれた状態を比べることを「下方比較」と呼んでいます。

▼マウンティングばかりする人の心理とは

ところが、この下方比較というしくみが暴走してしまうこともあるのです。

仕事の要領の悪い人を一段とさげすんだり、批判したりすることによって、自分が偉くなった気に錯覚するのもこれです。相手ができていないことを取り立てて批判することも、そのほうが相対的に自分が偉く、立派である気になれるからです。

そういうわけで、人の欠点をあげつらう人の多くは、じつは自分に自信が欠けているケースが見られます。自分と他人の欠点を引き比べて、自分のほうがましだと思いたいのです。悪い場合は、実際より他者を引き下げるために、足を引っ張ったり、人前で恥をかかせたりすることもあります。

最近はやりの言動では「マウンティング」というものもあります。人との優劣をふだんからとても気にするタイプの人が、ほかの人よりも自分を上に位置づけたいがために、相手の欠点を拡大して、自分を誇ってみせるのです。

自分の得意領域の土俵をもってくることによって、自分に届かない劣位《れつい》の他者をばかにします。そうやって偉くなった気持ちを楽しむのです。

人を見下すこの傾向を、中部大学教授の速水敏彦先生は「仮想的有能感」と呼んでいます。私たちが行なった実験でも、仮想的有能感の高い人は、不幸に陥った人を見て喜ぶ傾向が高いことが確認されています。

仮想的有能感は、本来の自信が不安定なところに成り立つ、根拠の薄い自信のあり方なので、脆《もろ》い自信を防衛するしくみだと考えられます。

▼なぜ、エラい人は高圧的に振る舞ってしまう?

地位の高い人の言うことにはしたがう人が多いようです。権力、権限がある人に対して、言うことを聞かないと組織では左遷させられたり、窓際に追いやられたり、悪い場合には解雇されてしまいます。

　人は力をもつことでハラスメントしやすくなることも知られています。上の立場に立つと、周囲の人びとをマネッジして動かさなくてはなりません。思いどおりに動いてくれないと自分が困るわけです。しかし、人はみな、かならずしも期待どおりに動いてくれるとは限りません。

　そうしたときに、なんとか相手を動かそうと、人は手立てを考えます。とり得る方策は、説明して説得する、高圧的に叱る、泣き落としというレパートリーがあることが社会心理学では指摘されています。

　上の地位にあるという自負心から、部下に対して泣き落としは使えません。冷静に説諭《せつゆ》するか怒るかということになりやすいわけです。

　一応、怒れば、部下は言うことを聞こうとします。そのことを批判する人も多くはいません。地位があれば、何をしても周囲からの反対が少なくなりますから、つい独善的になりやすいのです。その結果、パワハラが増えることになります。

　また、50代、60代になってくると、記憶力が衰《おとろ》えてきます。言いたい、使いたいことばを思い出そうとして「あれ」「それ」などと言うことも増えてしまいます。

はじめは冷静に説諭しようとしていても、うまくことばが出てこない自分自身にもイライラして、「こんな苦労して言わなくてはいけないのは、そもそもこの人がミスしたからだ」と他罰的に相手をさらに恨むことにもなります。

そんなときに、部下がちょっとの言い訳をしただけで、抑えていたイライラが爆発し、つい過度な叱責《しっせき》をしてしまうわけです。ことばの貧弱さは怒りが強いことば、悪罵《あくば》となって現れ、結果、ハラスメントのようなことになってしまいます。

地位が上昇するほど、苦言を呈してくれる人も少なくなります。周りから特段、反対がなければ、誰であっても支持されているように錯覚するでしょう。ふだんからつい、威圧的な態度をとってしまうこともあるかもしれません。

いわゆるエラい人ほど、じつは周りからひんしゅくを買っているのではないか、すでに気持ちのうえでは遠巻きにされているのではないか、気をつけてみる必要があるのです。

▼自己肯定感の自前での調達が難しくなっている

人は自分の所属している集団を大切にする傾向があります。まず、自分が属している集団を内集団（イングループ）、属していない他の集団を外集団（アウトグループ）といい、人はこれらを区別します。

内集団についての気持ちは人それぞれでしょう。なかには、集団になじめない感じ、反感を抱いている人もいるかもしれません。

しかし、とりわけ自分が選んで所属したものや長いあいだ所属しているものについては誇りを感じたいと思うところです。

高校野球で自分のふるさとの出場校を応援するのもそのためです。優勝でもすれば自分も誇らしく感じます。お正月の駅伝でも、自分の出身大学を応援する人は多いのではないでしょうか。

このように、集団と自分自身の距離を決めるのが「集団同一視」というしくみです。自分が内集団のことを非常に好きであって、所属していることに満足感を抱いていればいるほど、集団と自分を同じもの、つまり同一視する心理は高まります。

あるいは優勝するとは限らない、強いかどうかもわからなくても応援する阪神タイガースファンのように、何かしらの強い愛着があって、満足を超えた「無条件の愛」のような同一視のかたちもあるでしょう。

私たちはこのように、ふるさと、出身校、部活、サークル、会社、ファンなどといったさまざまなかたちで集団に所属しています。会員証など発行されていない場合も含め、こうした集団に属している人びとを、ここでは「集団メンバー」と呼んでおきましょう。

私たちは同時に、たくさんの集団のメンバーとして生きています。どの集団が大切か、その時々の状況で隠れているものが前面に出ることがあります。ふだんはあまり意識していない、大学生時代に所属していたサークルも、同窓会をやるとなったら急に記憶の前面に出てきます。

これを「活性化（アクティベーション）」と呼びます。大学サークルの思い出が「アクティブ」な状態になるわけです。

集団への同一視が強いほど、集団の勝利や優越を我《わ》がことのように喜びます。海外の研究では、フットボールの試合に自分の大学のチームが勝った翌日の電話インタビューでは、チームのことをWe（私たち）という表現で呼ぶことが多くなることが確認されています。

日本では、自分の優れているところを言いつのることは、「威張《いば》っている」「うぬぼれている」「不遜《ふそん》だ」とあまりよく思われないという懸念もあって、謙遜しがちです。

しかし、属している集団ということになると、ワンクッションがあることから、内集団を褒《ほ》めたり、内集団の長所を語ったりすることには違和感が少なくなります。

そして、内集団が「よい集団」であれば、必然的な結果として「そのメンバーである自分もよい人」ということになります。大変便利な自己肯定感の持ち上げなのです。あまりほかによい手がかりがなければ、とりあえず「日本すごい」と思っておけば、日本人にとっては自己肯定感が慰められるのです。

日本の文化やシステムを称賛しながら紹介するテレビ番組の需要が一定数見られたのは、自己肯定感の手がかりに飢《う》えている人びとが世の中に多くなっている証《あか》しでもあるのでしょう。自己肯定感の自前調達が難しくなっているわけです。

▼なぜ「女性は感情的」という言説が生まれたのか

内集団がつねにわかりやすい競争や試合にさらされているわけではありません。「自分が属する集団はすごい」という具体的な手がかりが得られないとき、人はどうするでしょうか。

内集団の価値、ひいては自分自身の価値を相対的にアップさせていく手立てとして、他の集団をおとしめるというやり方もあります。よろしくないやり方なのですが、往々《おうおう》にして人間は、ついそういった簡単な手立てに飛びついてしまうことがあるのです。

「集団間関係」という研究分野が心理学にありますが、内集団を重視し、ひいきすることによって外集団が損を被《こうむ》るといったケースもあり得ます。限られた資産、資源をめぐって争いがある場合には、「内集団の勝ち＝外集団の負け」ということも起こります。それがもっともはっきり現れたケースが国家間の戦争です。

こうした場合には、「敵」に勝つことを鼓舞《こぶ》するために、そしてその戦いを正当化するために、敵国をあたかも人でないように言い表すこともよく見られます。第二次世界大戦中の日本では「鬼畜米英《きちくべいえい》」という言い方がありました。こうした表現によって、相手を人とは思わない方法をとることを「非人間化」といいます。

7章で取り上げる「モラル」ともかかわってきますが、非人間化の現象を広く研究すると、それほど痛烈な人間性の否定でもないような、周辺のゆるやかな事柄もよく見えてきます。

たとえば、西洋世界においては「理性」というものを重視します。西洋の「非人間化」の研究、逆に「何をもって人とするか」という研究を調べると、「理性をもつものが人間」というひとつの答えが出てきます。これは、キリスト教やその後の啓蒙《けいもう》主義の影響が大きいのです。

男性優位主義の時代、女性や子どもは「十全《じゅうぜん》な」人間とは見なされませんでした。今でも時折見られるステレオタイプに、「女性は感情的」という表現がありますが、昔はこれが今よりももっと信じられていました。「女性も子どもも理性が不足している」という観点から、十全な能力が備わっていないと考えられていたのです。

最近の研究では「男脳」「女脳」といった考え方が、科学的に否定されていることを2章で取り上げました。その事実を知らずに、男脳、女脳が別々にあるといまだに思っている人も大勢いるかもしれません。

昔は「女性は感情的で理性的でない」というステレオタイプ的な考えによって、理性の叡智《えいち》を結集して進める「政治」の世界に女性の参加は不要だと、男性にだけ参政権が与えられていました。20世紀はこうした権利の剥奪《はくだつ》状態から、さまざまな集団の人びとが権利を取り戻し、獲得していった時代であったと言えるでしょう。

このような経緯により、かつては男性が「女《おんな》、子《こ》ども」を導かないといけないという見方が強かったわけです。

男性は女性や子どもを指導しなければならない、という考え方を「パターナリズム（父性主義）」と呼びます。このあと5章でくわしく説明する「温情的差別」においても、このパターナリズムが見られます。

家父長《かふちょう》主義では、男性が決定権をもち、その決定に妻や子どもたちはしたがわないといけないという世界でした。男性だけが「本来の理性ある人間である」という偏《かたよ》った思い込みが、「man」＝「一般的な人」という表現の背後にあります。

そして、女性を「女、子ども」という世界に押し込める発想から、今でも職場などで女性社員を「ちゃん」づけで呼ぶということも垣間《かいま》見られます。もともと、いい年齢の大人を指して「女子大生」「女子社員」と、ことばのうえでは、女子という「女の子」のような言いまわしを与えられることもバイアスの名残《なごり》と見られます。

一方、女性も自分たちで「女子会」などと言っています。女性自身が大人にならないで、いつまでも「女の子」扱いを望んでいるとしたら、これは「若いほうがよい」という、もうひとつ別の年齢バイアスの影響です。

会社などパブリックな仕事の場で、女性が下の名前で愛称のように「○○ちゃん」と呼ばれているのは、ある意味舐《な》められている、一人前として認められていないということの暗示でもあります。

男性社員でもそのように呼ばれることがあります。よく言えば、その人は親しみやすい人柄なのでしょうが、これも舐められていることとさして変わりありません。

同様に、部下から「ちゃん付け」で呼ばれる上司は、芸能界の業界人でもない限り、よほど個性的な上司に違いありません。

いずれにしても、誰かれとなく、女性の社員であれば「ちゃん付け」をしようとするのは問題があるでしょう。

▼「呼び名」から透けて見えるバイアスとは

前項の続きになりますが、子どものころから、女性のほうが男性よりも「下の名前＋ちゃん付け」でお互いを呼び合うことが多くあります。

ある意味、女性文化のほうが「幼《おさな》さ、未熟さの見られる生き方」を示したほうが〝世間受け〟がいいという現れかもしれません。『報道ステーション』のCMで示したような「教えられる無知な女性」をアピールしたほうが、男性との会話がうまく運ぶということを指南するウェブサイトも見られます。「かわいい」ということは、「未熟」「幼い」という面とつながるところがあります。

どうせなら、男性どうしも中学の先輩後輩分け隔《へだ》てなく、年長の者に対しても「○○ちゃん」とアメリカのようにファーストネームで呼び合えば、上級生の部活パワハラもいくらか減るかもしれませんね。

相手をどう呼ぶかは人間関係の象徴であり、そこに上下関係も現れます。アメリカなら「Mr.Smith」とでも呼ぶところを、日本の会社では、「部長」「課長」と名前さえも省略して、役職で呼ぶことがよくあります。

これは日本の文化的伝統とも言えるので、変えるのはなかなか難しいことかもしれません。昔でも「筑前守《ちくぜんのかみ》」などと名前ではなく、その役職で呼ぶ習慣がありました。

神話的世界や物語では、「名前」が人の本質であるから、それを操ることで、その人自身も操ることができるという魔術的思考が見られました。スタジオジブリの『千《せん》と千尋《ちひろ》の神隠し』にも、千尋という本名を奪われて千と呼ばれているあいだ、命令にそむけず、こき使われ続けているというシーンがありました。

ですから、武士の世界でも本名の諱《いみな》を権限のない他人が呼ぶことはまずなく、ふつうは字《あざな》で呼ばれていました。「あざな」が通称として用いられていたのです。田中部長のことを「田中さん」と呼ぶのは、なれなれしすぎるという感性が現代日本まで続いているわけです。諱を呼ぶことができるのは、父親や母親、そして昔からの主君であったりする立場の者だけでした。

しかし、この伝統にしたがって役職名で「部長」「課長」と呼んでいては、つねに相手が権限の高い存在という意識を暗黙に感じつつ、その意志にはしたがわないといけないという「目上尊重」文化から抜け出せないことにもなります。

それは、企業の生産性にもかかわることでしょう。年齢の問題とともに、呼び名の問題も解決の難しい問題ですが、ベンチャー企業など新しく若い企業では、約束事としてフラットに全員を互いに「○○さん」と呼ぶことを推奨《すいしょう》しているケースもあります。

ところで、性別によって、「○○くん」「○○さん」と呼ぶ区別を行なうと、LGBTQの問題に触《ふ》れます。

大人はもう「○○さん」で統一して何の問題もないでしょう。目上の役職の人が部下の男性を「○○くん」と呼ぶのは、今や横柄《おうへい》な印象さえあります。

教育現場ではすでに、出席をとる際に女性も男性も一律に「○○さん」と呼ぶようになっています。このような時代の変化に対し、年配の男性のなかには「なんでもかんでもうるさくなってきたな」と不自由を感じる人たちもいるかもしれません。

しかし、これまでが人の権利を尊重せずに侵害することを、自由にやりすぎてきただけなのです。文明が進めば、不適切な横暴は本来の自由とは異なっているので、注意をうながされたり、たしなめられていくのは当然のことです。

横暴なころに戻りたいと思うのは加害者のわがままで、その昔の時代が加害者によって一人前扱いされずに、低い地位に甘んじさせられてきた被害者が大勢いた社会であっただけです。

被害者からすれば、「そんなことはもうたくさんだ」と言いたいことでしょう。

▼思考と感情を偏らせる「デフォルト効果」の恐ろしさ

『心の中のブラインド・スポット』を著《あらわ》したアンソニー・G・グリーンワルドは、同書のなかで興味深い例を紹介しています。

それは「『宝くじが当たったと電話を受けている人を思い浮かべてください』と言うと、アメリカの白人の方たちでは特に、電話を受けている者が『白人の大人の男性である』と想像しやすい」というものです。

この宝くじ当せんを告げる電話を聞いているのが子どもであったり、ラテン系の女性であったりすることは、確率的に十分あり得るのですが、そのような想像はされなかったのです。

これが「デフォルト」の恐ろしさです。私は今、マイクロソフトのワードでこの文章を記していますが、字の種類（フォント）には、さまざまなものがあります。とくに設定しない限り、「ワード２０１３」までは「ＭＳ明朝」でした。

しかし、「ワード２０１６」からは游《ゆう》明朝になっています。この「特段の設定がなければ選ばれるもの」こそがデフォルトです。

これは便利な機能で、もしもワードを開くたびに、「どのフォントを使いますか？」「文字の大きさはどうしますか？」「一行何文字にしますか？」とことごとく尋《たず》ねられたら煩《わずら》わしくて仕方ないでしょう。だから「何も選ばなくても」、とりあえず「これ」というような選択肢が用意されているわけです。

人の想像でもそうです。「イヌ」といえば中型程度のイヌを「デフォルト」で想像することが多く、その頭のなかのイメージがチワワやトイプードルであることは少なく、日本では柴犬《しばいぬ》くらいの大きさで、屋外にいる「イヌ」を想像しやすいようです。これもまた、デフォルトです。

人について、先のアンソニーの説明は、「何も言わなければ白人男性」という偏った設定が北米社会には見られることを見事に示しています。こうした意識が先の「外科医とその息子」のストーリー（71ページ参照）でも発揮されたわけです。

こうしたデフォルト設定は、本人たちにはアンコンシャスバイアスになっているので、制度設計や仕事などの活動の標準をつくるとき、ある種の人たちには不自由なものができあがったりします。

近年、生理休暇や生理のコントロールがようやく論じられるようになったのも、男性中心の企業のしくみのなかで、これまでなかなか注目されなかったという点があります。

学校や施設の設計においても同じです。男性よりも女性のほうがトイレを用いる時間が長いのに、女性用トイレの数が男性用トイレの5倍も10倍もあるというような合理的な設計がありません。

そのため、学校の休憩時間や大切な入試、観光バスの来場など、さまざまな場面で女性トイレが長蛇《ちょうだ》の列となり、時間に間に合うように済ませられない人が出てしまう現状があります。設計自体が不十分なのです。

▼あなたが「便利だと思う」ものは、本当に便利か

かつて、こうしたデフォルトだけを見る不自由は、障害者問題にはっきり現れ、その反省から階段を利用しなくても移動ができるようなスロープや、車椅子も十分入ることができるエレベーターの設置につながりました。視覚障害者のための点字ブロックや、音の出る信号機、駅におけるホームドアの設置も進んできています。

大学など、私自身の身近に見られるデフォルトにもとづくアンコンシャスバイアスの例として、「すでに説明した課題について、尋ねてくる学生を叱る教員」というものがあります。

どういうことかというと、授業時間中に今度の課題の説明を、自分なりにていねいに説明したと思っていたら、そのイチからのようなところから尋ねてくる学生がいると、「たった今説明したばかりなのに、ちゃんと聞いていなかったのか！」と怒ってしまう人がいるのです。

けれども、最近の大学には発達障害をもつ学生さんも入学しています。私自身の実感としては、昔より人数が増えている印象です。発達障害、たとえばＡＤＨＤ（注意欠如・多

動障害）の方は、口頭だけの説明を一度で理解して頭に入れるのが苦手な人も多くいます。

言語の理解は注意の統制や集中が必要ですが、そうしたことがＡＤＨＤの方にとっては不得手《ふえて》です。情報を頭のなかで整理してまとめにくいという点もあるかもしれません。

こうした知識がないと、「学生がさぼって、不注意、怠慢《たいまん》で聞いていなかったのだ」と、決めつけやすくなってしまいます。

小学校のように宿題があったり、保護者に見せるべきプリントや説明があったりした場合、そうした情報を維持し続けて、適切なときに伝える、行動するといった日常のコントロールが苦手ということもあります。

しかし、指導の要領を学習していれば、「口頭だけで指示しない」「決まった連絡帳にかならず書き、毎日保護者が確認する習慣づけを大切にする」といった方法で、「本日は重要な何々についてのプリントを配布しました」と連絡帳に書くだけでも、ランドセルの底のほうに、しわくちゃになった期日が過ぎた連絡プリントを発見するという悲劇を未然に防ぐことができます。

それでも忘れ物が生じることがあります。最近でもＳＮＳを見ていると、小学生のＡＤＨＤ児に対して、忘れ物に非常に厳しく対応する教師と、隣のクラスの「隣の子に見せてもらうといいよ。ちゃんと隣の子にお願いして、『ありがとう』を言うんですよ」という指導する先生が対照的だという話が紹介されていました。

厳しくあたられることで萎縮《いしゅく》し、学校に行きたがらなくなったり、過剰に神経質になったりして、何度も確認作業をする子どもの行動は痛ましいものです。大きな個人差があり、それへの適切な指導の仕方を知るだけで、子どもへの精神的虐待は教育現場からもっと減らすことができるでしょう。

このように、小学校も大学も、教員である限り、発達障害の基本知識は学んでおく必要があるでしょう。通常のシステムは発達障害のない健常者に向けてやりやすい方法で運営されていることが多いので、調整が必要なのです。

そのほかにも、最近、世間で気づかれることになったひとつの例として、ユニバーサルデザインにもとづいた発表資料があります。最近は何かとパワーポイントのようなツールできれいなカラーの図表を作成して、説明やプレゼンをすることが増えています。

しかし、きれいなカラーで作成して見やすくしたつもりになっていても、色覚障害の人には見づらくなっているかもしれません。日本では290万人ほどいる赤緑色認識《せきりょくしょくにんしき》の異なる傾向があれば、赤と緑についての弁別《べんべつ》的感度が弱いので、オレンジや茶色っぽい色を混ぜると、緑と区別がつきにくいわけです。ネット上には、どういったグラフの色ならば認識、弁別しやすいかを案内するサイトもあります（次ページ側注参照）。

また、日本にあまり慣れていない外国人の子どもや外国人の社員が増えていく趨勢《すうせい》のなか、重要な指示や説明について、紙に書いた文書も用意することや、ゆっくりはっきりした発声で伝えることも大切になってきます。

みんなが日本語の早口を聞いて一度でよくわかるわけでもなく、こうした配慮は日本人にとっても聞き逃しにくい正確な伝達として役立ちます。

このように、さまざまな個性のある人について気づき、多くの人が暮らしやすい設備やしくみをつくることは、社会メンバーみんなにとっても便利で助かることになり得ます。

スロープは、障害をもつ方だけでなく、高齢者、妊娠している方、ベビーカーを押す人をはじめ、旅行用カートをもつ人、病気の人、ちょっと疲れたと感じている人などいろいろな状況で助かりますし、移動の選択肢があることは、社会を豊かに住みやすくすることでしょう。

この本を読んでいる方でも、このくらいの字の大きさでよかった、あるいはもう少し字が大きいと読みやすいのに、などと感じている人がいることでしょう。人にとっての便利さも、年齢などの要因で変わってくるものだと心得ておくことも大切です。

▼自分のもつバイアスに、感情が操られることも…

ここまで「自尊心」や「非人間化」「デフォルト」を取り上げてきて、そのなかにも感情的要素が含まれていました。

アンコンシャスバイアスは悪気や自覚がなくても、誤った推論や判断になってしまうという思考のなかに潜《ひそ》むバイアスでした。感情的な歪《ゆが》みがなくても生じるのですから、相手に特段の敵意がなくてもバイアスが生じる点が「油断は禁物」というところなのですが、「非人間化」にもとづく戦いのように、感情的要素が加われば、さらに危ない状況にもなります。

そもそも感情というものは、判断の方向を誘導することがあります。嫌いな人に対してはネガティブに対しやすく、欠点が目につきやすいでしょうし、好きな人に対しては昔のことばで「あばたもえくぼ」という言い方がありました。

ここまでは、バイアスによって他者に被害を与えるケースを多く述べてきたわけですが、

●「伝わるデザイン」 https://tsutawarudesign.com/universal1.html

自分のもつバイアスによって自分が被害を受けることもあります。

たとえば、振り込み詐欺に遭う場合などは、「相手の言っていることは本当だ」というバイアスのある認識のために、相手の言いなりになってしまうことがあります。このように騙《だま》されてしまう場合にも、感情は大きな役割をもっていて、人は恐怖を感じたり、焦燥《しょうそう》感《かん》をもったりすると、冷静な判断を損なうことになります。

騙すほうはそういうしくみを十分に心得ているので、「あなたの夫が痴漢《ちかん》をした」とか、「息子さんが交通事故を起こした」などといった感情的にドキッとする話を、冒頭にぶつけてくるのです。この「ドキッ」となることを「喚起《かんき》水準が上がる」と言います。

また、人びとの常識的なバイアスとして、「どこそこの警察署から電話しています」と言われれば、話の続きも聞かずに電話を切るという人は少ないでしょう。電話において最初、相手が何かを言えば、「デフォルト的対応」としては、そのことばを信じて会話するというのが人のふつうのあり方です。

振り込み詐欺の話を聞いた第三者は、結果論として「なぜ信じたのか？」と不思議に思うものですが、最初に「信じる」ところから始まると相手のペースにはまってしまい、徐々に珍しそうなこと、奇妙なこと、怪しいことでも信じやすくなる道筋《みちすじ》が定められてしまうのです。

こうしたとき、喚起水準が上がっていると、そこに注意が奪われてしまうため、冷静な判断や計算をしにくくなってしまいます。強い感情の喚起によって、脳の働きのエネルギーが奪われることを「感情スイッチ」と呼んでおきましょう。

先に自尊心や自分のポジションが脅《おびや》かされると感じるときに、下の立場の者に圧力をかけやすくなると指摘しましたが、現実は、一方的に誰かが誰かに何をするというものではありません。

つまり、実際にはお互いしゃべり合ったり、何かを一緒にしたりというインタラクション（相互作用）の時間があります。パワハラをする場合、基本的にあくまでパワハラするほうが悪いのですが、何かが「引き金」を引く場合もあります。

会議で女性の発言を軽《かろ》んじるような態度を端々《はしばし》に見せていた上司や役職者に、もし「女性が意見を述べることはよくないのですか？」と正面からぶつかれば、狭量《きょうりょう》な上司であった場合には、それだけで激高《げきこう》してしまうかもしれません。

森元首相が好む「わきまえる女性」ではなく、積極果敢《かかん》に発言する女性が現れると、反発もまた大きくなる可能性があります。だからこそ、今の日本の現況では、声をあげない

「わきまえた女性」が大勢存在してしまうのかもしれません。

怒りと攻撃的圧力で黙らせて、「わきまえさせて」しまうのです。しかし、徐々にこういうことはSNSにでも投稿されたら最後、格好の炎上材料になり、その企業自体が世論の支持を失う危険があるかもしれません。

そもそもの正義のためだけではなく、企業の基本的危機管理の観点からもバイアスや差別は消していかなければならないことをビジネスパーソンは心得たほうがいいでしょう。

▼理性的に熟考すれば「バイアスの危険」から逃れられる?

カッとしたその瞬間、してはいけないことをしてしまうことがあります。感情による行動はすばやく、本当ならやめたほうがいいことを失敗することにつながります。

人のものの考え方を「情報処理」に例えると、「速い処理」と「遅い処理」のふたつの処理の仕方があるといわれています（次ページ表8参照）。

感情的な速い処理に対して、理性的に熟考する場合は、その処理スピードはゆっくりになります。ちょっと考えてから結論を出すということです。

この本で扱っているアンコンシャスバイアスは、無自覚、無意識です。厳密には「無自

表8「速い処理」と「遅い処理」

速い処理	遅い処理
感情的	理性的
直感的	熟慮的
瞬発的処理	慎重な処理
自動的	コントロール的
無意識的	意識的
無自覚な	自覚した

覚」というのは自分がしたことの意味、相手への影響がわからないことを言います。「無意識」は文字どおり、よく考える「意識」を経《へ》ないで、意識的な吟味《ぎんみ》なしに、行動が現れてしまう場合です。

朝、ぼーっとしながら歯磨きをしているときなどは、やや無意識に近いということです。考え事をしながらお風呂で髪を洗ったあとに、洗ったかどうか一瞬、自分の行動がわからなくなって、髪の毛が濡《ぬ》れているかどうか確かめることがあります。このような行動は無意識と言えます。

人間は感情的な生き物でもありますから、自分が納得できなかったり、腹を立てたりすることで、その瞬間、深く考えずに相手を攻撃してしまうことがあります。

しかし、バイアスはそうした直感的で速い行動のなかだけに現れるのではないことに注意が必要です。直接に攻撃するほかに、あとで悪意をもって悪い噂を流したり、自分の視点からだけの歪んだエピソードを周囲に広めたりすることで、特定の人物に被害を与えていくこともあります。

そのとき、自分の理解が偏っていることに無自覚ではあるのですが、つねに表のような速い処理と遅い処理がきれいにうちそろっているわけではありません。

熟慮の末に攻撃に出るかもしれませんし、少なくとも悪意で相手に意地悪なことをしている自覚はあるということも見られるでしょう。

自分のバイアスに十分気づかないと、修正が利《き》かないことが多いわけです。それを防ぐ手立てのひとつが対話です。

▼バイアスを取り除くための「対話の作法」とは

会議の場での議論が「感情スイッチ」を押してしまって、反対されると冷静に議論しにくいというコミュニケーションスタイルがあちこちで見られます。

理由として、これは対話の作法が十分熟していないという点があるかもしれません。日本は「以心伝心」といわれる世界で、言わなくても伝わることを尊《とうと》び、それゆえに忖度《そんたく》という現象も起こります。ことばを尽くすことが、そもそもよいとは思われないのです。

生産的な対話とはどういうものであるか考えてみましょう。

Aの意見の人と、Bの意見の人がいたとします。お互いがそれぞれの意見を言い合っているだけでは、最後には争いになるだけです。

よい議論とは、自分自身を過信せず、自分の意見にはまだ見えていないことや一方的な部分、短所もあるかもしれないと考えつつ、他者の意見に耳を傾けて、よりよい解決に向けて考えていくことです。

お互いにそうした解決を探っていくことで、最終的に元のAでもBでもない新たなCという結論に行き着くかもしれません。これを弁証法では、止揚《しよう》（Aufheben）と呼びます。

じつは「止揚」という日本語は、もともとはありません。つまり、日本では対話によって、元のAやBを超える新たなCを生み出すという思考の習慣がなく、そうした議論の利点をずっと認識してこなかったわけです。

ですから、日本では議論をすると、まるでケンカのようになったり、どちらの意見が優勢か、勝ち負けの争いのようになることが起こり、勝負にともなうメンツの問題にもなってしまうのです。

また、議論と人格を切り離すことができず、意見を否定されたら、自分が否定された気持ちになってしまうことがあります。

ゲーム的な感覚でいくつかの提案をテーブル上に出し、その出された案をみんなでいじり回して、よりよい、新たな作品にこねあげていく。粘土作品の材料提供といった感覚で意見を出せばよいのです。

人それぞれがさまざまな情報をもっています。すべてを知っていて、すべての見解について最善な理解ができている人なんていません。

だからこそ、人と議論することには意味があるのです。間違いは人に訂正してもらわないと気づきにくいものですし、なぜこうなっているのかのしくみを誰かがもっとよく知っているかもしれません。これは「物知り選手権」の争いではなく、目的は全員が関与しているプロジェクトの成功を目指すことのはずです。

自分ひとりで出した意見にこだわりすぎることは、生産的ではありません。そこにはバイアスも含まれています。多様な人の目線で見ることによって、気づかなかった問題が見えてくるわけです。

弁証法で新たな解決Cを目指す発想をすれば、参加者が積極的に向き合えて、しかも、感情的な対立を避ける話し合いができるでしょう。意見を個人の人格に結びつけて、互いにそれを死守しようとする不毛な対立を避けることができます。

うまくいっている会議は弁証法だという理屈を知らなくても、知らず知らずに新たなアイデアを生み出す話し合いになっているのではないでしょうか。

正規な会議以外の飲み屋で談論風発《だんろんふうはつ》するのではなく、会議について本来の活発なあり方につくり直していくことで、アンコンシャスバイアスに足をとられる危険も減らせるものと思います。

▼歪んだ思い込みを誘う、5つの「伝統的価値観」とは

日本において、バイアスを減じた快適に働く職場環境が遅々《ちち》として実現しないのには理由があります。それは、改善を阻む伝統的価値観が強くあるからです。

伝統的価値観といえば、古い世代の考え方で、それが悪い影響を与えていると考えるでしょう。たしかに、性別、ジェンダーにまつわる考え方には、世代の影響が色濃く表れています。

しかし、最近私たちが調査した結果では、それればかりではなく、若い世代が伝統的価値観をもっていることによって、組織改革が進まないという点も判明しています。

ここでは、その要因を取り上げてみましょう。

伝統的価値観❶ 空気信仰

「場の空気を悪くしたくない」という考え方です。

人を批判したりして嫌われたくないという気持ちは、20代において、30代や40代よりも高くなっています。周囲の意見を気にする――「評価懸念《けねん》」と呼ばれるこうした傾向は、日本人の広い世代に行き渡っています。

これによって、バイアスやハラスメントの問題が職場で起こっても、なかなか声をあげることができないのです。

もともと日本社会では調和を重視し、和を尊ぶところがありますが、それが行きすぎると、「空気」の圧力によって全員一致の決定を呼ぶようなことがあります。

つまり、内心は納得していないけれども、表面上はしぶしぶ周りに合わせてしたがっておくという行動になります。

これは出発点から不満の種を抱えていることになるので、いつ暴発するかわからないという懸念もありますし、耐えきれなくなったときにいわゆる「キレた」状態になりやすいということがあります。

アンケートにおいては、「場の空気が悪くなることはなんとなくイヤだ」「場の空気を悪くすることは絶対に避けたい」という項目に「そう思う」と回答する人が多くいました。

また、他の項目でも「周りの様子を見て、自分の意見を言うのを控えてしまうことが多い」と回答する傾向があります。

そのため、逆の行動となる「自己主張」を控えるという傾向があって、「周りがかならずしも同意しなくても、自分の考えを主張したい」「ふだん臆《おく》せずに自分の意見を主張するほうだと思う」という質問には、「そう思わない」と回答する傾向が多くなります。

これを「主張性」という方向で計算、換算すると（1－7点）、アメリカでは、4・26、日本では、3・87と日本のほうが主張性が低いことがはっきりとわかります（北村による2020年1月データ　未公刊）。

伝統的価値観❷ 耐える（がまん主義）

日本社会では、理不尽なことも粘り強くがまんして耐えることが尊ばれます。スポーツでも苦しい練習に耐えて、すばらしい成果を出すことが賞賛されます。仕事も楽しそうにやるものではなく、苦労して行なうことに価値があると考えられがちです。

長時間労働に日本の働き手がよく耐えているのも、こうした伝統的な考え方のせいです。私生活を犠牲にする「犠牲感覚」は、いくらか若い世代のほうが、そうした考えにとらわれなくなっています。早く帰宅してもいいことがルールとして明示されていれば、仕事を早く切り上げて帰りますし、上司からの飲みの誘いも断ります。

これは、自身の自由時間をより貴重なものとして考えるからです。こうして変わっていく部分には未来に期待をもてますし、上司も「最近の若者はつき合いが悪い」などと歎《なげ》いていないで、日本の未来に希望をもって見守ったほうがよいでしょう。

社会が危機的になると、より秩序を重んじる傾向が強まるという話があります。周りに合わせてがまんすることも多くなります。新型コロナウイルス感染症蔓延《まんえん》のなかでは、「日常ではいろいろがまんすることが大切だと思う」という、がまん主義の得点も、平均が4・8という高い値に上昇しました（北村による2020年6月データ　未公刊）。

伝統的価値観❸ 精神主義

がまんして困難に打ち克《か》つことを集約していくと、要するに「精神主義」ということになります。

中学の部活のころから、日本人はがんばることを称揚《しょうよう》されています。かつては根性主義というものでした。試合に負けたら「根性が足りなかったからだ」とされたのです。

近年はスポーツ科学が発達して、それぞれの種目に応じて鍛えるべき筋肉、そのための科学的トレーニング法が考案されています。トップアスリートはそれにしたがって訓練しています。

しかし、中学の部活の指導者である学校の先生は、かならずしもその種目のプロフェッショナルではありません。高校時代に陸上をやっていた人が、バスケットボール部の顧問をしたりしています。

それでは科学的な敗因分析どころか、みずから知識を得ようとしない限り、作戦を構築することさえできません。言えるのは「もっとがんばれ」のみという精神面の指導しかできることがないわけです。

これは、指導する先生が悪いということでもなく、そうしたシステムしかつくることができないのに、学校によっては部活が必修になっているうえに、勝つことが至上命題のように強調されるところもあるのが大問題なわけです。

学校スポーツでは、まずスポーツに触《ふ》れて楽しむことが大切です。卒業後、年齢を重ねていっても健康を維持できるように、上手にスポーツやトレーニングの方法を知ること、活用することを学ぶのが本来の学校体育です。

部活は課外活動で、本来は学校の教科と関係なく、教師の参加義務もないものです。ところが、日本の教育の慣習によってほぼ必修扱いが続いているところがあり、その点、多くの改善点を指摘することができます。

尾見康博氏の『日本の部活（BUKATSU）：文化と心理・行動を読み解く』（ちとせプレス）に部活にかんする議論が詳しくあります。

そこでは、アメリカでの中学生のクラブスポーツが、いわゆる日本でいうトーナメント方式ではなく、地区のリーグ戦形式で勝ったり負けたりで楽しまれていること、勝利絶対主義ではないことなどが描《えが》かれており、参考になります。

スポーツに限らず、がんばることに意義があるという精神主義は、かならずしも成果に結びつかない長時間労働や、非効率な努力を是正《ぜせい》できない問題があります。精神主義に含まれる努力主義も、ひたすらがむしゃらにがんばることを、かつては推奨してきました。

こうした働き方が時代にそぐわなくなってきたというのは周知のことです。しかし、これまでの働き方に慣れてきた年長世代は、異なる価値観、働き方を志向する若い人の行動に不満を感じてしまうかもしれません。

これも自分の不満の根っこを自覚することで、バイアスのある目で他人の働き方を評価してきた誤りに気づくことでしょう。

ある意味、時間をかけず、要領よく成果を得る器用な能力の発揮を賞賛しないと生産性は上がりません。せっかく生産性を上げようとしているのに、「手抜きだ」「一生懸命さが足りない」などと成果を度外視した批判をするのは的外《まとはず》れになるでしょう。

日本の精神主義は、学校教育のなかで再生産されているところがあります。できればこの悪循環を断ち切りたいところです。

今よく見られるハラスメントの根っこには、個人の多様なスタイルに対する理解不足という共通問題があるように思われます。

伝統的価値観❹ 公正世界信念

「よいことをしてきた人は報《むく》われ、悪いことをした人は罰を受けることになる」

これは、人はふさわしいものを受けとるべきであるという考えで、公正な世界を望むということから、「公正世界信念」と呼ばれています。日本に限らず、広く世界に見られるものであり、昔からこうした世界の見方はありました。

これによって、子どもが一所懸命勉強するのも、将来のため、未来によいことがあるという期待で、現在をがまんするということになります。

しかし、現実の世界は多様な原因が働いています。偶然の要素もたくさんあります。ビジネスの成功者の体験談がよく書籍として出版されますが、それはその人のケースでしかないかもしれません。また、そこには幸運といった要素も含まれているのに、それを「こうしたからうまくいった」という科学的根拠のない思い込みで、理解している点があるかもしれません。

人生すべてが上手にコントロールできるわけではありません。しかし、人は偶然の要素を軽視する傾向があります。人が何か仕事でもなんでもうまくいかなかったとき、どう見るでしょうか。

残念ながら、運が悪かったねとは、あまり思ってもらえず、とりわけ仕事の失点などは、「努力が足りなかった」「対応が悪かった」と何かしら、過去にその人がとった行動に原因を探してしまいがちです。これが、公正世界信念です。

つまり、悪いことが起こってしまったのを知ったとき、悪い行為が悪い成果につながると考えるため、何か以前に悪いことを行なったのではないかと疑いをかけることになってしまいやすいのです。

人の行動は完璧ではありませんから、過去にさかのぼって、あれこれ細かいことをほじくり出せば、失敗と言えなくもない事柄が見つかるものです。じつは、それが大きな原因になっていないこともあります。

けれども、人は何かしらの説明を求めがちなので、よくない点が見つかったら、その説明に飛びついて、その失敗を責めたりするのです。

公正世界スイッチが入ってしまうと、本来の道筋と外れた因果関係を信じ込むことになり、次の失敗を防ぐ正しい対策から遠ざかってしまうことさえあります。

伝統的価値観❺ 減点主義

「ほめて育てる」「叱って育てる」ということばがあります。

最近の学生に尋ねてみると、みんな「ほめて育ててほしい」「ほめられると伸びると思う」と一様に答えることが多い印象です。

成功に注意を向けることを「促進焦点」、失敗に注意を向けることを「防止焦点」と、コロンビア大学の心理学教授であるエドワード・トーリー・ヒギンズは呼びました。

促進焦点では、賞賛を受けることを期待して取り組み、いかに成功するかを考えます。それに対して、防止焦点では、失敗しないように注意することのほうが重要で、どう成功するかよりも、いかに失敗せず、人から叱責、批判を受けることを避けるかに焦点があります。

新しいことの生産性では、促進焦点的な進め方のほうが、うまくいくことが多いでしょう。防止焦点ではどうしても減点主義になり、過度に失敗を恐れるあまり、挑戦が難しくなります。たしかに、変わったことをしないほうが、そして以前と同じ方法を守っているほうが失敗せずに済みそうに思います。

職場の会議などで、こうした失敗回避バイアスを発揮していないでしょうか。新しい提案を恐れ、その失敗するかもしれない要素ばかりに目が向く減点法スイッチが入って、新しいものを生み出す大きな力、そのメリットを見過ごしてしまっているかもしれません。

これも物の見方のバイアスですので、自分の見方のクセを知ることで、今ここで適切かどうかをみずからに問うことができるようになるでしょう。

5章

日常のどこにでも潜む アンコンシャスバイアス

▼IATが暴いた「隠れトランプ支持者」の本当の割合

アメリカのハーバード大学のサイトを見ると、おもしろいことに気づきます。アメリカ大統領選挙について、IAT（77ページ参照）が用意されているのです。これは、2000年初頭のサイトの立ち上げ以降、ずっと掲載されています。

2020年のアメリカ大統領選挙において、「隠れトランプ」ということばが多く報道されました。友人の前や公《おおやけ》の場では、差別的で不適切な言動の多いトランプ大統領（当時）を支持しているとはハッキリ言わず、自分の心のなかだけでトランプ大統領を支持する人がいるという指摘です。

そうした指摘のとおり、世の中に大量に「隠れトランプ」派がいるとしたら、IATによって明確になるでしょう。

ただし、ハーバード大のIATの結果は、全体として見ればバイデン氏の優勢でした。IATを覆《くつがえ》すほどの隠れトランプ派がいたわけではなさそうです。

隠れトランプ派のような見方がされるのは、社会調査において、人はしばしば「本当のことを答えない」という考えがあったからです。

たしかに1990年ごろに、アメリカ社会に存在する黒人差別の実態を探るために、「あなたは黒人を嫌っていますか?」などと正面切って白人の人びとに尋《たず》ねたとしても、「YES」という回答はほとんど得られなかったことでしょう(むしろ21世紀以降に、差別を公言する政治的に極端なグループが欧州やアメリカで数を増やし、目立つようになってきました)。

20世紀の終わりごろは、今から振り返ってみれば、人びとがもっともふつうに平等の価値を尊《とうと》び、差別はなくしていくべきだという考えに賛成していた時代でした。

そんな時代に、まともに「黒人を嫌っていますか?」という問いを投げかけるのはナンセンスであるうえに、倫理的にも疑問のある方法となってしまいました。

このような直接的な問いかけを、私たち研究者は「顕在《けんざい》尺度」と呼び、一方、新たに開発されたIATのような測定を「潜在測定」と呼んでいます。

1990年代後半は、心理学の世界で次つぎと潜在測定が開発された時代でした。回答者が意図的に回答をねじ曲げたり、虚偽《きよぎ》を報告したりしないように、どのように測定を行なうべきかが考えられたのです。

そうでないと、先に述べたように、介入や、教育の正確な効果を確認することができないからです。

▼お笑い界で横行する「美醜・体型いじり」

日本において、まだあまり「差別」としては認識されていないことに体型があります。人の欠点を何でも大げさに取り上げて笑いにしてきたテレビバラエティ界でも、近年、相手の顔の美醜《びしゅう》や体型について「いじる」ことは興《きよう》ざめするものである、というように変わってきて、そうした笑いは下品で反倫理的だという意識が強まっています。

これは、芸人が反社会的な集団とつき合うことに対して、厳しい視線が向けられるようになったことと同じ線上にあります。笑いのなかにも基本的な社会常識が求められるようになり、人をむやみに傷つけない笑いが評価される「やさしい世界」に変わってきた感さえあります。

私は関西出身で、「いじり」をはじめとしたいろいろな笑いに慣れているほうです。ですから、あまり一律に取り締まるかのような動きに対して、少し疑問を感じるところもあるのですが、他者の容姿についての「いじり」を笑えないという感性は、けっして意味のないものではありません。

容姿は整形でもしない限り、本人の努力のみではどうにもならないことがあります。私自身もあるべき標準体重より10kgは重く、もう少し痩《や》せられたらいいのにと願っていますが、痩せられないことのすべてを、努力不足のせいにされてしまうのはつらいものがあります。

世の中には体質によって、かなり食べても太らない人もいます。これは摂取したものを体内でどれくらい燃焼してエネルギーとして排出するかに体質の違い、つまりもって生まれた遺伝子の違いがかなり関与しているからです。

もちろん、運動して筋肉を増やすことで、基礎代謝を上げる方法もありますが、何もしなくても生来《せいらい》、燃焼効率のよい人がいるのです。

何も努力しなくてもスマートな体型でいられる人が現実に存在するなかで、この違いは不公平ともいえますが、差別さえなければ「単なる違い」であっても構わないレベルのものでしょう。足の親指の長さを誰も気にしないように、人は体型について気にするところと、気にしないところがあります。

何を気にするのかは、進化心理学的な説明もありますが、それはさておいても、とくに努力せずにスマートな人がいる一方で、太っている人が努力不足を難詰《なんきつ》されるいわれはありません。

アメリカでは、体型による差別がより深刻で、中・上層のビジネスパーソン、社会的地位があり、世間の評価が高い仕事の界隈《かいわい》では「セルフ・コントロール」は重要だから、自分の体重をセルフ・コントロールできない者は無能であるといったステレオタイプが現実に存在します。

私が1990年代に客員研究員として滞在した先でも、飲み会のときに長身の研究者ふたりが「頭のいい者は背が高くて、痩せ型なんだ」と、冗談まじりではありますが、お互い誇り合っていたことを覚えています。

こうなると、証券取引のトレーダーの仕事に応募したのに、「太っているから不採用」という理不尽なことも生じかねないということです。

今や、アメリカの学会は「体型で区別することは、はっきりとした差別である」と考えており、研究が進められています。

▼「女子アナ＝美人」がまかり通ってしまう日本

美醜については、差別の観点から先進国では敏感になってきていますが、日本では非常に反応の鈍《にぶ》いところがあって、もはや「野放し」と言ってもいい状態です。

太った証券トレーダーがいてもいいように、ニュースを読む人がどんな容姿でもかまわないはずです。社会で起こった事件や事実は変わらないのですから。人前に出せる顔、出せない顔があるという考え方のほうが非常に危険です。

しかし、日本ではこうした職種の採用について、暗黙《あんもく》の了解なのか、それとも当然のことだと考えているのか、能力や知性だけではない、つまり、美醜の審査が影響していることは否《いな》めないでしょう。現実に、大学時代にミスコンで（これ自体も時代遅れになりつつありますが）優勝したような方が、アナウンサーとして多く採用されています。

美しさを感じるのは、本能的な部分であり、「美しいものが好き」という人間の性質もあります。世の人びとは美しい人を見たいのだろうから、美しい人を出演させれば、視聴率も上がって、広告も集められる――資本主義の原理として、テレビ局が美しい出演者を確保しようとすることは、当然のようにも思えます。

しかしそれでは、本能を全肯定し、欲望を満《み》たすものだけをテレビ局は放映していればよいことになります。

放送というものは「公器」であり、国民の福祉を脅《おびや》かすような番組は望まれません。だからこそ、テレビ番組の公共性を審査する「放送倫理・番組向上機構（ＢＰＯ）」という第三者組織があるのです。

ニュース報道は正確さが重要です。とくにキャスターやアンカーは、そのニュースを簡《かん》明《めい》にまとめ、本質的に大切な部分をすばやく判断して論じる知性が第一義として求められます。

実際に先進国では、日本ほどの美醜のこだわりがありませんし（まったくないわけではありませんが、程度問題ということです）、ダイバーシティを意識しているので、アフリカ系のキャスター、アジア系のキャスターなど多様性が見られます。最近の考え方では、平等や人権をより重視し、昔のような白人の優先起用や、容姿の美しさなどといった要件へのこだわりは捨てられつつあります。

しかし、今のところ、日本ではこうしたことが「問題となり得る」という認識さえ希《き》薄《はく》でしょう。

心理学の研究では、毎日テレビに登場する人たちがあまりにきれいな女性、男性たちばかりであることから、人と比較（「社会的比較」と呼びます）することで落ち込みやすくなったり、SNSで美人ばかり見ていると、とくに女性のあいだで気分が下がったりするという現象が取り上げられています。

また、テレビに登場する「きれいな」女性たちがみんな痩せすぎている（スリムすぎる）ことも、日本の女性たちに体型不満足感を強める悪影響を及ぼしているようです。テレビが、つねに「理想の体型」との乖離《かいり》を意識させてしまうのです。

このように、私たちは「美しいものを見るのが好き」だと決めつけているところがありますが、じつは副作用として有害な面もあり得るのです。

こうした見た目の差別のことを「ルッキズム（Lookism）」と呼びます。今後、さらに注目されていく概念となることは間違いありません。

日本でも10年先、20年先には、日常生活や会社で働く際、採用を行なう際に、このルッキズムについて今よりもセンシティブ（慎重）な対応が求められるように変わっているかもしれません。

▼中高年男性が「自立する女性」にモヤモヤするわけ

3章で障害をもつ人がみんな、あたたかい人柄だと思い込むのは問題がある、というお話をしました。

こうした一見、ポジティブな言いまわしが問題をはらんでいる場合も多くあります。アメリカの研究者スーザン・フィスクは、女性に対する見方には二面性があることを指摘しています。

20世紀、産業の進んだ先進国ではどこでも、仕事の中心を男性が担《にな》うという男性優先的な社会が成立していました。

新たな産業社会では、都心や水辺に集積される事務所や工場に多くの男性が勤め、女性は専業主婦となったり、家庭でできる程度の軽労働に従事したりすることが増えました。労働人口が増えると、住まいが郊外に移り、男性は郊外から都心へ通勤するようになり、職住分離が進みました。

しかし、20世紀を通じて、いわゆる「女性の社会進出」が進み、経済的に自立して生きることの重要性を意識する女性や、仕事で自分の力を発揮したい女性が、どんどん仕事に従事するようになりました。

日本ではそのころ、職業女性のことをBG（ビジネスガール）と呼ぶことから変じ、OL（オフィスレディ）ということばが生まれました。しかし、OM（オフィスメンやオフィスメイル、オフィスジェントルマン）などといったことばはありませんでした。男性のほうは働くことが当たり前だったので、サラリー「マン」と言えば、すべからく男性のことを指していたからです。

このように、社会の標準を男性に置き、ホテルマン、フレッシュマンなどと、暗《あん》に男性を前提としていたため、女流棋士、女流作家、女性医師、女性弁護士などという呼び方まで生まれました。

そして、いわゆる「男の世界」であった職業に女性が進出することにより、脅威や違和感を覚える男性も現れました。人は不慣れなことへの感性がさまざまで、保守的な人はとくに変化を嫌い、どちらかと言えば「昔のそのまま」を維持することに安らぎを感じがちです。

性の平等の観点から言えば、女性の「社会進出」は肯定的に報じられてきましたが、一部の人たちから生じた揺り戻しの批判も見られるようになりました。これが「バックラッシュ」といわれるものです。

そうした物言いのなかで、新たに言われ出した「キャリアウーマン」というイメージとして「女性性に欠けたギスギスした人」「あたたかみに欠けた、潤《うるお》いのない冷たい人」のような表現が登場したのです。

フィスクのモデルでは、集団をステレオタイプ的に見る次元として、ふたつの軸が示されています。「あたたかさ－冷たさ」という軸と、「有能－無能」という軸です。有能はこの場合、「仕事ができる」ということになりますから、キャリアウーマンとして登場し、社会へ進出した先進的な女性は「仕事ができる」と言われる一方で「冷たい」と評されました。

ふたつの軸は、本来はかかわりが薄いものですが、実際はつながって扱われ、ステレオタイプの見え方では、「有能だと冷たい」「あたたかいけど能力が低い」というつながりがつくられやすいことを、フィスクは指摘しています。

▼男性が生んだ「仕事ができる女性＝冷たい」のイメージ

「仕事はできるけれども情が薄い、冷たい」という偏見に気づくことが、この本でももっとも戒《いまし》めとなる、気をつけなくてはならない「バイアス脱出」のポイントです。

そのようなつながりは、本当はないのです。しかし、１９７０年代ごろまでの偏見的な見方では、「結婚したら妻は専業主婦」という世界観が強くあったのです。

結婚しても仕事を続ける場合には、「育児をほったらかしにしている」「子どもがかわいそう」などと口をはさむ人がいました。とくに、専業主婦が当然であった親世代から、「妻が働くのは子どもがかわいそう」という、たしなめというか、攻撃というか、こうした逆風が働く女性たちに襲いかかったのです。

これをフィスクは「敵対的差別」と呼びました。

働く男性にとっても、競争者が現れたと考えれば、なかにはその足を引っ張ろうと考える人がいてもおかしくはないでしょう。まさに、こうした古い考え方による流れを21世紀の今も引きずっているところに、「わかっていない」と、とくに中高年の男性が攻撃される素地《そじ》があるのだと考えられます。

彼らが若いときに彼らの常識であったことと、現在の常識が決定的にずれてきてしまっているのです。

そのような時代背景を若いころに背負《せお》ってしまったことが不幸だったのかもしれませんが、だからといって「変化しない」ことの言い訳にはなりません。

▼「悪気のない偏見」の罪が、いま問われている

さて、「有能」と「冷たい」が結びつく一方、「あたたかさ」は「能力が低い」、つまり「仕事ができない」ということに結びつきました。

結婚や出産で退職した女性は、仕事ができないわけではありません。能力が低いわけでもありません。当時の日本社会が、子どもを育てることと仕事を両立することに不自由な態勢であっただけです。

それでもがんばって仕事を続けてきた人たちがいます。一方、断念して「家庭に入った」人たちもいました。

しかし、これは〝旧種族〟の男性たちにとっては非常にありがたいことでした。女性が従来と同じく専業主婦の位置を守り、家事と育児を一手に引き受けて、男性だけが「24時間戦えますか」というテレビCMのもとで、働くことだけにひたすら熱中していたからです。

そして、この〝銃後の守り〟のような専業主婦を「子ども好き」「あたたかい人柄」という捉《とら》え方が補完したのです。

補完というのは、隠れたメッセージやイメージとして「仕事は有能ではないけどね」という専業主婦に対する決めつけがまずあり、それを覆《おお》い隠すしくみとして、「人柄のあたたかさ」という甘い褒《ほ》め言葉があったわけです。

これをフィスクは「補償作用」と呼んでいます。つまり、実際にはネガティブなステレオタイプがあることを、抱き合わせでポジティブなステレオタイプ「あたたかさ」を与えることでカバーしているという意味です。

ですから、人びとの目には「これが一種の差別だ」とは気づきにくくなっています。フィスクはこちらのタイプの見方のことを「温情的差別」と呼んでいます。

実際、これまで男性が担っていた高度な専門職を、保守的な人が「この仕事は、女性には無理だ」と言うとき、「女性に大きな負担をかけられない」という悪気《わるぎ》でもない見方が入り込むことがあり、これらはこの2020年代においても問題となる重要な点になっています。

育休から復帰したばかりの女性社員に「よかれ」と思って、思いやりのつもりで負担の軽い仕事、以前従事していたものよりも責任の軽い仕事をあてがい続けた結果、社員のやる気をそいでしまう事例などが見当たります。よかれと思うのが、「温情的差別」というわけです。差別ということばでは、まだ頭に入りにくいという人は、「バイアス」と考えてもらってかまいません。

しかし、厳密にいうと「バイアス」というのは物の見方ですから、心理学でいえば「認知」の部分にあたり、会社のなかでの処遇は実際に行なわれている行為や活動なので、心理学では、行為レベルの問題は「差別」と名付けています。

場合によっては、裁判に訴えられれば敗訴する可能性もありますから、管理職や経営者は、社員1人ひとりの処遇というものを今以上に真面目に考えないと、時代からずれて失敗してしまうでしょう。

これは、経営陣が男性であることに限りません。たとえば、先輩の女性が後輩の女性を知らず知らずのうちに性差別として扱うこともあります。

女性から女性へのハラスメントもあります。男性だけの問題ではないのです。

▼途上国や地方に対するアンコンシャスバイアス

あたたかさと、その裏にあるネガティブさのセットは、これまで述べてきたような専業主婦にまつわる問題だけでなく、途上国に対するアンコンシャスバイアスにも入り込んでいます。

旅行や取材などで「地域の人のやさしさに触《ふ》れて」という言いまわし、見方がひんぱんにくり出されます。

だからといって、その場所に永住する人はとても少ないのです。やはり最終的には、自分自身が住む国や地域の便利さや、多くの都会的刺激に魅力を感じているからです。国内での地域格差にもこれは反映されます。

日本でも若者が出て行ったまま戻らず、過疎化が進む地域では、それにともなう自治体の予算の少なさなども含んで、「都会タイプ」の人にとってはうらやましいと思える要素が減退していっています。

たしかに、とくに20代や30代を中心に地方へのUターンやIターン、移住というのがちょっとした流行になり、新型コロナ禍でのリモートワークと相まって「地方暮らし」もさかんではあります。

しかし、全体の趨勢《すうせい》、人口推移を見ると、まだまだ地方から都会への若者の流出は無視できない動きとなっています。「地方暮らしは不便があるけれども、何より、人のあたたかさがあるのだ」というステレオタイプイメージも、フィスクの図式にあてはまるものなのです。

大学生として地方から上京した若者たちが、しばしば自分自身にネガティブなステレオタイプを抱《いだ》いて、方言を標準語に変えて日常生活を営むことや、都会らしいファッションを身につけようと勉強することにも、まだそうした居住地問題がバイアスフリーにはなっていない事情がうかがえます。

このように、アンコンシャスバイアスは日常の至るところに見出《みいだ》されるのです。

6章 多数派の「自覚なき力」に要注意

▼〝場の空気〟の読み違えは、なぜ起きるのか？

日本の社会では、同調の傾向が強くあります。異論が出ない場合、自分の意見を周囲が支持してくれていると心強く感じるものです。

アンコンシャスバイアスについても、自分が何かおかしなことを言っているという自覚がなく、周囲も好意的に受けとめていたり、その場で笑いが起きていたりすれば、自分が言っていることが「何か間違ったこと」だとは考えにくいでしょう。まさに森元首相が陥《おちい》った〝場の空気〟による間違いです。

森氏のケースでは、ご本人だけの問題ではなく、同席していた日本オリンピック委員会（ＪＯＣ）の委員たちが発言を笑って受け入れていた雰囲気そのものも批判の的《まと》となりました。

そのような雰囲気自体、不適切発言がこれまで社会的に許容され、是正《ぜせい》されないまま続いていたことの原因のひとつと考えられたのです。

当時、ＪＯＣの会長、副会長、理事は25名で構成されており、うち女性は5名でした。「はじめに」でも取り上げた森氏の発言は、「ＪＯＣと東京五輪・パラリンピックの役員のうち、女性の割合を40％に増やしていこう」という目標についての議論のなかで出てきた不適切コメントでした。

さらに同じ会合では、森氏による「組織委員会に女性は7人くらいおりますが、みなさん、わきまえておられて」という発言もありました。ネット上でも「＃（ハッシュタグ）わきまえない女」が登場し、この発言を厳しく批判し、問題を議論する動きが広く見られました。

結果的に、森氏は辞任に追い込まれ、東京五輪・パラリンピック組織委員会の会長は橋本聖子氏に交替。大会組織委員会の理事も33名から45名に増員され、増員する12名をすべて女性とすることで、女性の割合が40％となりました。

女性登用という点で議論が進展したことは評価できますが、「なぜ40％なのか」という数や割合についての議論を深めること、そして発言の意味をどう反省、批評するかは重要です。

さらに、なぜ、こうした発言がたびたび見られるのか、という点も考えなければ、根本的な解決にはならないでしょう。

▼情報を都合よく受け取る「確証バイアス」のワナ

男性の割合が多い集まりでは、無自覚のうちにマジョリティ（多数派）の「男性を中心に置いた発想」「男性目線の考え」が無批判的に現れることがあります。そして、それを訂正できないまま、世に出してしまうというケースも起こりがちです。

そうなれば、著名な企業であっても、広告の撤回などといった損失につながります。かのトヨタ自動車においても、公式ツイッターが、女性とクルマの画像とともに、「女性ドライバーの皆様へ質問です。やっぱり、クルマの運転って苦手ですか？」というアンケートを行ない、批判が殺到したことがあります。トヨタは謝罪し、当該《とうがい》ツイートを削除することとなりました。

このケースでは、「やっぱり」ということばが付《ふ》されていることに大きな問題がありました。また、回答の選択肢も「苦手」のバリエーションのほうが多かったのです。

今では女性のタクシー運転手、バス運転手、トラック運転手もいて、「女性だから運転が苦手」「女性だから運転が下手」と決めつけるのは、ずいぶんと失礼な話です。

もし、運転は男性のほうが上手《うま》いという信念が強い人ならば、夫婦いずれも運転できるときでも夫が運転する、ということが多くなるでしょうし、家族で遠出するときは、体力のある（と信じる）夫がハンドルを握る、というケースも多いかと思います。たしかに客観的に見れば、男性のほうが運転する機会が多いとは言えるでしょう。

しかしこれは、単なる「運転の経験量」の違いです。免許取りたての初心者よりも慣れた人のほうが上手いのは当然です。ところがかつては、「男性だから運転が上手い」と誤《あやま》って考えられていたわけです。

また、男性が強い思い込みをもって見ていたら、女性のちょっとした失敗、たとえば縦《じゅう》列《れつ》駐車や車庫入れに時間がかかるといったミスなどが目につくかもしれません。男性だって同様の失敗をいくらでもしているのに、女性の失敗を見つけると「女性だから下手だ」と考えてしまうのです。

自分のもっていた考えに合致《がっち》する話、情報に注意を向けることを、「確証バイアス」と呼びます。アンコンシャスバイアスを脱することが難しい原因のひとつとして、この確証バイアスによって、「自分の考えが日常的に正しい考えだ」と、たびたび確認している気持ちになっているから、ということが挙げられます。

いずれにしても、買い手に不愉快な思いをさせるような広告を出して、得られることとなど何もありません。女性がみんな、「そうだ、そうだ」と喜んでくれると思ったのでしょうか？

たとえば、駐車するときに便利なバックモニターのシステムは、男性でも「助かる」という人が多くいます。だからこそ、システムの便利さを前面に出して広告すればよいのです。「やっぱり」と決めつけるメッセージは、ずいぶん余計なものでした。

▼外よりも内をひいきする心のメカニズムとは

自分たちが所属する集団を「内集団」、所属しない集団を「外集団」と呼ぶことを4章でお話ししました。

内集団と外集団で扱いが異なることを指摘したのが、ポーランド生まれの心理学者ヘンリー・タジフェルらによる「社会的アイデンティティ理論」です。ここでは、もう少し説明を進めます。

タジフェルらは、参加者にも「些細《ささい》なこと」と認識できる基準でグループを分けたと「思わせた」うえで、与えられた報酬を分配してもらう実験を行ないました。すると、参加者はしばしば、内集団（自分たち）メンバーへの報酬を外集団より有利にしたのです。

また、内集団より外集団の得る分量が大きい選択肢と、両集団とも取り分が少なくなってしまうけれども、内集団の得る報酬が外集団の得る報酬よりも勝《まさ》る選択肢を見せると、多くの者が、自分たちの取り分が少なくなっても、外集団を上回る報酬が得られる選択肢を選びました。

得られる絶対量で考えれば、これは経済学的には合理的でありません。相手のほうが報酬が多くても、受け取る絶対量が多くなれば、柔軟な観点から見れば、Win-Win（両方が勝ち）とも言えるからです。

しかし、そうはせずに、あくまで自分の集団が外集団よりも上回るようにしたのです。これを「内集団ひいき」と呼びます。

このような結果は、世の中でなかなか紛争が終わらないしくみを伝えているのではないでしょうか。「自分たちの集団にとって不利な条件では停戦合意が呑《の》めない」と双方が考えれば、なかなか収まりがつきません。一時的には停戦できても、長期的、永続的な解決となると、一段と難しくなります。

このように、「内集団ひいき」は、ふだんのちょっとしたアンコンシャスバイアスから、大きな紛争まで、世の中のことを広く説明する理論となっています。

▼絆の強さが歪んでしまう「黒い羊効果」

4章では、内集団への賞賛は自分への賞賛につながり、自己肯定感が上昇することもお話ししました。

競争する場面では、内集団が競争に勝ち、賞賛を得なければなりません。そうであってこそ、優秀な内集団の一員として、自分も誇りを感じることができるわけです。

元来、「内集団ひいき」では、人は内集団のメンバーを外集団のメンバーより高く評価し、好みます。ところが、時に内集団のパフォーマンスに貢献していないように見えるメンバーが目につくことがあります。

パフォーマンスの低いメンバーがいたとき、人はとりわけ、そのメンバーを嫌うことが調査によって示されています。白い羊の集団のなかで黒い羊がいじめられて、のけ者にされることを模《も》して、これを「黒い羊効果」と呼んでいます。内集団メンバーは本来、仲間であるはずなのに、パフォーマンスの低い内集団メンバーは外集団メンバーよりも嫌われてしまうのです。

もともと対立する外集団があったとき、本来ならば、内集団は一致団結するはずです。

しかし、集団の足を引っ張ると見なされるメンバーがいると、内集団の内側で分断が始まります。

「役立つ者」と「役に立たない者」という選別が生じ、役に立たない者に対する差別や攻撃が起きるのです。インターネット上で社会のシステムについて批判したり、改善をうながすようなメッセージを発した人を、「それが嫌ならば、日本から出て行け」と袋叩きにするのと同じような構図です。

これはバイアスを超えて、マイクロアグレッション（日常で見られる差別的攻撃）と言えるものですが、社会の内側での分断を進めます。

こうして結果的に仲間が減ると、ある考えのもとに、少数の者が立てこもるようなことになります。

ＳＮＳ上では、ひとりがいくつものアカウントを駆使《くし》して差別ツイートを投稿したりすることがあるため、実際に支持する人数はさして多くないのに、とても拡大した世論のように見えるという錯覚が生じます。これもまた、意見が引っ張られるバイアスのもととなります。

マジョリティでないものをマジョリティだと錯覚するエラーが生じると、本来より大きな社会的力となって、無視できない威力を振るうようになります。

たとえ、それが非常に不適切な議論（人権を侵害するなど）であっても、「多くの人が述べているから」と錯覚すると、世の中の人の標準的な考え方がそのようなものなのかと思ってしまうのかもしれません。

見せかけのマジョリティの力として、由々《ゆゆ》しき問題でしょう。

▼多数派こそ意識すべきバイアスとは

障害者に対する理解は30年くらい前に比べると格段に進み、肢体不自由の方の車椅子についての理解、また公共施設でのスロープ設置や広さの確保されたエレベーターの設置も進みました。

視覚障害をもつ方が駅のホームから転落するなどの事故を防ぐことに効果のあるホームドアの設置も取り組まれており、２０２１年３月現在、ＪＲにおいては８５８駅に設置されています。

それでも、悪気《わるぎ》のないアンコンシャスバイアスとして、私たちは未経験の事態へのうっすらとした警戒心、緊張、ぎこちなさといったものをどうしても拭《ぬぐ》うことができません。

障害をもつ方が家族や親戚、親しい友人などにいない場合、「どうつき合ったらいいのか」「どう対応したらいいのか」と改めて考えてしまう――という人もいるでしょう。考えることをつい面倒に感じてしまい、「あまりかかわらないようにする」というあり方を取る人もいるかもしれません。

しかし、それは障害をもつ方とのつき合いを回避するということや、新しい友人として選ばないという結果を招きます。当然、障害をもつ方にとっては、疎外感や「受け入れられていない」という気持ちにもつながってきます。

障害についても、病気についても、世の中のマジョリティは健常者です。もちろん年齢を重ねれば、誰しも体のどこかに病気を抱えるものですが、障害者手帳をもつ人は多くありません。

また、体の障害への理解はこの30年間でかなり進んだかもしれませんが、心の病となると別です。

たしかに「軽いうつ」ということについては、よく知られるようになりました。ところが、一般に「心の病」となると、まだ偏見の対象になってしまいやすい一面があります。

世の中において、マイノリティ（少数派）は、実際に家族や親族、友人にかならず含まれるということでもないので、多くの人たちにとっては見えない、よくわからないということが多いのが実情です。

そして、わからないところから偏見が生じるというのは、この問題において、基本的によくある構図なのです。

▼「反射的な反応」を野放しにしていないか？

さらに、新たな現代的状況として、発達障害についても知られるようになりました。ことばのうえでは聞いたことのある人も多いでしょうが、その特性を正確に理解できている人はどれだけいるでしょうか。

自分の子どものクラスに、授業中に先生に無断で立ち歩く子がいると聞けば、「授業に邪魔だなぁ」「自分の子の学習の進み具合が遅れたらどうしよう」などと考えて、学校に苦情を言う保護者もいます。この保護者の行動もアンコンシャスバイアスなのです。

バイアスというのは、真の原因に気づかず、深く考えないままに起きる反射的な反応を野放しにするところから起こります。

そもそもなぜ、立ち歩いてはいけないのでしょう。ここをまず考えるべきです。アメリカの学校で授業を見ていると、先生の許可をいちいち得ることなく立ち歩く子はたくさんいます。日本の学校のように、ひとつの教室におとなしく座って、全員一斉に前を向いて40分間教師の話をひたすら聞くような授業があまりないからです。

めいめいが課題をもち、タブレットや参考図書を使って調べ物をし、解答を作成するときには立ち歩いて、参考図書のある場所に行ったりします。全員がちょっとぶらぶらしている感じにも見えます。

つまり、「立ち歩く困った子」というのは、現在の日本の学校の授業形態をよきものと前提して初めて言えることで、変えるべきなのは、立ち歩く子なのか、日本の学校の授業形式なのか、どちらが正しいかはとても微妙です。

最近では文部科学省もアクティブラーニング（能動的学修）とよく強調していますから、自発的に動くのはよいのではないでしょうか。今は対処の方法もありますし、支援の人員であるアシスタントなどもいます。

もちろん、教員には注意がよそに向いてしまっている子を、適切な方向へと誘導する工夫やスキルは必要です。スキルや知識に欠けると、頭ごなしに叱ったりして、事態をよけいにこじらせてしまうことがあります。

体に障害をもつ方の場合にも、あまり面倒に巻き込まれたくないと遠巻きにしてしまうことを、今は「回避的差別」と呼んでいます。

自分にとって慣れない珍しい状況だと考えることは、多数派（マジョリティ）の感覚が現れてしまっていることなのです。ふだん、特別支援学級で働いている人にとって障害者とのつき合いは「ありふれた日常」です。

▼民主主義だからこそ、少数派の声に耳を傾ける

「多数決＝民主主義」だと思われる向きもあるようですが、多数決は民主主義の手段の一部にすぎません。

全員で衆議して物事を決めるのがよいのですが、それが難しい場合、簡略な代用として代議制をとり、さらに代表による採決、つまり多数決を行ないます。

本来は衆議を深めるべきことなのですから、民主主義では「少数意見の尊重」という原理があります。多数決で勝った側が何をしてもいいということではありません。

選挙も同じです。多数の議席を獲得した政党が、国民に「全権委任」され、あとは何をしてもいいというわけではありません。

多数決が人間社会を決めるシンプルな原理であったとしたら、大変なことが起きます。「少数派の村を取り壊しましょう」とか、「特定の病気の人の治療費は払いません」などといったことが多数決でまかり通ってしまえば、非人道的なことも何でもできてしまいます。そうした多数の危《あや》うさは、海外を見れば、少数民族の排斥《はいせき》や難民化の様子などによく現れています。

少数意見を尊重するということには、問題になっている政策や方針が、少数派の人の生きていく権利を侵害していないかどうかを考え、配慮することを含んでいます。たとえば、何万人に1人というような病気を発症する人は「少数派」です。だからといって、健康保険の出費を抑えるために、病気の人を見捨てましょうと、多数の人が採決で決めるなら、少数派に勝ち目はありません。

そういった非人道的なことにならないように、何か取り逃している大切なことがあるかもしれないと、少数意見に耳を傾けるところに人道的価値があるわけです。

マジョリティの力には要注意なのです。みんながそう気づいて、他の人の生きる権利を侵害していないかを考えれば、自身がその障害や病気をもつマイノリティ当事者でない場合であっても、意見のうえでは、他者の権利を大切にしようというマジョリティとしてのつながりをもつことができるかもしれません。

マイノリティの問題に、当事者以外の人が意見を唱えることはとても大切です。「当事者でもないくせに、偽善者ぶって何を言っているか」というのは的外《まとはず》れなのです。

みんなが同等に「人間である」という意見によるつながりを通して、広い賛同と支えを得ることができる——そのような世の中のほうが、結局はみんなが住みやすいのかもしれません。

7章 無意識の偏見に気づき、乗り越えるためのステップ術

▼偏見からの脱出は、人と社会を知ることから

いよいよ最後の段階に進んできました。ここでは、どうすればアンコンシャスバイアスに惑《まど》わされずに、その影響から脱することができるかを語っていきましょう。

これまでも問題を紹介するかたわら、どのような点に注意する必要があり、どうしたらいいのかということにも触《ふ》れてきました。それらをまとめるかたちで、わかりやすく簡略に示します。

その前の土台づくりとして、改めて、人のものの考え方を正面から取り上げてみましょう。4章で、「伝統的なものの考え方がちょっと足を引っ張っている」という話がありました。ですから、今度はそれに対抗する考え方を知る必要があります。

人びとがどのようなことに価値を置いているかについては、古くから多くの研究がありました。そして、こうした価値や信念をまとめたものが、その社会の「モラル」と呼ばれるものです。

モラルだからといって、固く考える必要はありません。日本の義理人情だってモラルです。武士道も、かつてのモラルのひとつでしょう。

その社会において、何かしら広く分かちもたれているモラルや規範を見ていくことは、人の行動や、この社会のあり方を理解するひとつの手がかりになります。

モラルというものも、昔の人たちがかつて多く抱いていたものや、今やその意味がわからなくなっても、多くの人がなんとはなしにもち続けているものも含み入れています。ですから、「これらは大切な守るべきモラルだ」などと説教じみて主張しているわけではありません。

私たち研究者は、人びとが今、何を信じて生きているのかに興味がありますから、その根本的善悪はいったん脇に置いておいて、こうしたリスト化を行なうのです。

ですから、これを見て、「これは正しくない」などとモラルの正否を考えることは、リストを生かしていく話の趣旨と外れてきます。

▼モラルはバイアスの「火種」にもなる

いろいろな地域で、人が何を「いけないこと」だと考えているかを調べてみると、多くの社会で、理由もなく人を傷つけ、痛めつけること、暴力を及ぼすことはいけないと考えられていることがわかります。「人を殺すことはよくない」「子どもを虐待することはよく

表9 道徳基盤理論（MFT）における5種類の道徳基盤

道徳基盤	適応課題	特徴的な情動	関連する徳
ケア／危害	子どもを保護してケアする	被害者への同情、加害者に対する怒り	思いやり、親切
公正（正義）／欺瞞	相互的協力関係の利益を得る	怒り、感謝、罪悪感	公正、正義、信頼性
忠誠／裏切り	凝集性の高い連合形成	集団的誇り、裏切り者への憤怒	忠誠、愛国心、自己犠牲
権威／秩序破壊	階層集団の中で有益な関係を作り出す	尊敬、恐怖	従順、敬意
清浄／汚染	伝染病を避ける	嫌悪	節制、純潔、敬虔、清潔

出典：道徳基盤理論（ハイト,2013,北村, 2020より）

ない」などです。

近年では、動物に対しても保護法によって、虐待が禁じられています。これが「ケア／危害」というモラルです。

古くからのモラル研究においても第一に扱われており、幼いころからこうした心情、「よい行ない／悪い行ない」の中心をなすものと思われています。

忠誠は「仲間を大切にする気持ち」と言い換えればわかりやすいでしょう。友達との約束は破らないということは、太宰治の小説『走れメロス』の主題となっています。これが「忠誠／裏切り」です。

権威は「目上の人の言うことを聞く」など、現代の日本でも生き残っているモラルであり、これら忠誠と権威は、最初の研究でインドから顕著《けんちょ》に確認されたように、アジア世界では重要な価値観となっているようです。

権威にしたがうことで縦《たて》世界の秩序が保たれます。ですから、変化の多い革新的な世界を好む人よりも、安定と秩序を求めるタイプの人に根強い価値となっています。「長いものには巻かれろ」という慣用句には、こうした考えが表れています。

「清浄／汚染」は、「悪いこと」の例に「汚職」ということばがあることからもわかるように、「きたない」ことをしないということです。ここでは、より直接的に神聖なものを汚《けが》さないといった宗教がらみのこと（神社や寺院の境内にゴミを散らかさないなど）、またそれを尊《とうと》ぶ「清い」心などが関係します。これも古くから伝統社会に見られる価値観であり、近代以降、薄まりつつあるモラルです。

しかし、薄まりつつあるということは、気づかれにくくなっているということでもあります。そういう点では、清浄モラルはアンコンシャスバイアスの火種ともなります。

新型コロナウイルスが蔓延《まんえん》する現在では、「病気＝穢《けが》れ」という古くから人びとの心に染《し》みついた考え方や感性から、罹患《りかん》の恐怖の裏返しとして、感染症罹患者への差別が激しくなる傾向がありますが、まさにこれは「穢れ」差別です。

▼「公正と正義」こそ、偏見を防ぐ最強のクスリ

「コロナ差別」は感情的に直感からやってくるので、本人にも止めにくいものです。よく気をつけなければ、自分の感情の奴隷《どれい》のように行動してしまうことになります。

こうした際に、冷静に「ストッパー」の役目を果たしてくれるのが、前項の表の2番目にある「公正と正義」です。アンコンシャスバイアスを予防する主役と言ってもいいでしょう。

近代社会になるずっと前、たとえば狩猟社会であっても、獲物をひとりで独占しようとすれば「ずるい、悪い人」ということになったでしょう。公平さを欠くからです。人はそうした「ずるい」人を嫌う傾向があります。

群れが成長して社会集団となってくると、そこに掟《おきて》や社会規範や法などができてきます。ある程度、社会正義を調整した法を犯すことはずるいこととして憚《はばか》られ、規範を守ることが正しいとされていきます。

なかには「仲間の掟」のように、どちらかといえば忠誠であったり、場合によっては権威としての秩序と法という側面も現れたりしますが、「みんなが守っていることは守ろう。

ひとりだけ破るのはよくない」という素朴な考え方から正義は成立し、発展してきました。

近代以降、法によって罪を犯した人を罰するという法治国家ができあがってきて、罰するためのシステムは国家が独占し、私的にリンチや制裁を加えることは禁止されます。司法システムが成立し、公正な裁判を受ける権利を国民は有すると考えられるようになったわけです。

つまり、アンコンシャスバイアスで不愉快を感じるからといって、ネットで攻撃することと――つまり、私的に、個人的に他者に罰を与えようとすること自体、近代社会の原理に反しているのです。

ＳＮＳでの炎上はとりわけ、当事者でもない者が、個人的なケンカではなく、余計なお世話の第三者として、集団で特定の個人を責めることですから、完全に逸脱《いつだつ》しています。近代社会の原理からいって、もっと厳正に運営会社やプロバイダーに取り締まりを義務づけるような法整備があってしかるべきです。

あるいは、訴えによってスムーズに立件できる、逮捕できる状況がつくられてもおかしくないでしょう。道で人を殴れば現行犯で逮捕されるように、ネット上のリンチにも即効性がある取り締まりを行なうことで、社会上それは「いけないことだ」という考えを浸透させることができます。

近代社会の正義は、新たな社会状況に対応するように発展してきた歴史があり、近代以前にはあったようなLGBTQの人に対する差別が、今では多くのヨーロッパの国で法として禁じられていることがそれを表しています。時代に対応して、「新たな正しさ」が合意されていくわけです。

日本社会に近頃たくさん見られる「アンコンシャスバイアス」事件というのも、日本社会がこうした世界（先進国）の動きについていきそこなっている点、まだまだ旧弊《きゅうへい》の近代以前のようなバイアスのもち方をしている日本人が多いことに因《よ》っているわけです。

▼無意識の偏見から、他者も自分も救うには

時代に置いていかれないためにも、世界の正義の考え方を理解していく必要がありますが、5つのモラルのうちの、近代的な公正・正義が一番、直感的にはわかりにくい発展を遂《と》げています。

そこでの公正・正義は、西洋近代社会に固有と言っていい、個人主義、人権、平等といった各種の抽象的な価値にもとづいて設定されているからです。ですから、それよりもわ

かりやすい「ケア／危害」という次元で事を捉えがちです。

たとえば、「かわいそうだから助けてあげよう」という心持ちは、ちょっとしたときにたやすく共感しやすいものです。

けれども、こうした気持ちは論理に裏打ちされているのではない、その場その場での感情的反応なので、あまり長続きしません。

他のことがあるとすぐ忘れてしまいますし、テレビのドキュメンタリー番組を見て一瞬、マイノリティの置かれた実情に「同情心」という感情を動かしても、実質的な支援にはつながらないことが多いわけです。

社会について考えることの結果として、平等に向けて支援が必要である、人権が守られなければならないという、しっかりとした安定的な判断というものがあってこそ、その考えは長続きします。アンコンシャスバイアスから、他者も自分も救うには、回り道のようでも、そうしたしっかりとした思考が大切であり、効果的です。

また、正しいことを考える場合、ゼロか１００かのような極端な考えをもつことも有害です。

たとえば、夫婦別姓をめぐる論争は、「全員が別姓になるように」というものではありません。変わらず同姓でいたい者はそうすればいいし、別姓がよければそうすればいいという非常にシンプルな方向性です。

しかし日本は、好きにしたらいいとか、選択が自由であることがちょっと苦手な社会なのかもしれません。学校教育も全国一律で、クラス一斉に静かに着席して前を向くような授業を好みます。

グラウンドや学校外で行事を行なうときも、日本では児童や生徒を整列させたり、集団を統制したりすることがよく行なわれますが、アメリカではそういうことはほぼありません。人の話を聞くことや、観察をするのに、どんな姿勢でどの位置にいようが、知の形成に無関係だと考えられているからです。

それでも、日本人には「決めてもらわないと不安」という心理があるのでしょう。新たな法制やシステムが敷かれた場合も、何度も何度も「これでよいのか」と役所に確認する電話は後を絶ちません。

周りを見て、それに合わせるという日本での処世術は、同じでないと不安という気持ちを強めてしまいます。こうした空気信仰などが、バイアスを助長することは先にも述べました。

服装でもそうです。ジェンダーレス制服の採用（そもそも制服自体がもう無用かもしれませんが）によって、スカートとパンツのどちらでも選択自由となると、今度は選ぶ側で何かまた文句を言う人たちがいるかもしれません。

働く女性がハイヒールを強制されることへの反対を示した「#kuToo」にしても、なにもハイヒールを全面禁止にしようなどと主張しているわけではありません。好きで自分で気に入って履《は》いているのならば、そのライフスタイルを排斥《はいせき》しようなどという考えはまったく含まれていません。

逆に「よそへ営業に行くならヒールを履け」などの、ヒールを履きたくない人にも強制して、義務化するのをやめようということであって、義務化の否定は、100%の否定ではなくて、「かならずしもそうする必要はない」という決着点です。

この基本的な区別が理解できず、ちょっと反対されただけで、持論が100%否定されたかのように、むやみに傷ついたり、攻撃する人もいるようです。何が論じられているのか、冷静に事実を理解する必要があります。

アンコンシャスバイアスを表しやすい人は、先の「速い処理」での指摘（118ページ参照）にもあったように、衝動的で、あまり考えずに、直感的に動きやすいタイプということになります。

もともとそそっかしく、議論の本質をていねいに理解しないで、間違った勘違い、思い込みをしやすいタイプというわけです。物事も白か黒かですばやく決めがちです。

そういう人は周囲から「決断力がある」「頼もしい」と見られ、出世していくことも多いのかもしれません。しかし、地位には責任というものがあり、経験する出来事や接触する人たちも広がります。

日本には「管理職の心得」を体系的に学ぶ機会が意外とありません。権限の少ないときに軽い気持ちで放言《ほうげん》していたようなことが、みずからの立場が変わることで、すぐさま問題化したりして、本人も驚くわけです。

社会的立場が上がると、メディアでも取り上げられて、自分の発言を全世界が知ることになります。国内だけでなく、海外からも非難されることがあり、会社の信用を落とす責任問題にもなりかねません。

こうした情報は、ネットを通して、今や一瞬にして海外まで伝わります。ずっと国内で生きてきた人は、このように世の中の流れが変化していることにも適応していないのかもしれません。

誰もが匿名《とくめい》においてネットに投稿できるということは、匿名による告発もできるわけです。事を隠蔽《いんぺい》しようにも、どうにも難しいということも心得ておくべきなのです。隠蔽しようとしたことが発覚すれば、問題はよけいにこじれて、火に油を注ぐことになるのは明らかです。

▼無意識の偏見は、こうして組織を蝕《むしば》んでいく

組織における問題点を最後にまとめてみましょう。

一般社団法人アンコンシャスバイアス研究所（代表理事：守屋智敬氏）による2020年に行なわれた約5万人に対する調査の結果からは、次ページの表10に示されたようなアンコンシャスバイアスの悪影響が指摘されています。

アンコンシャスバイアスがあることの弊害は、人を傷つけるような発言、行為があっても本人は気づいていないので、よけいに相互理解が妨《さまた》げられることからもたらされます。

不満があったり、傷ついた被害者に対して、加害者が何も気づいていないことがあります。被害者が何か不平や反論を訴えても、なぜそのような不平をもつのか理解できなかったり、意味のない反論として退《しりぞ》けることで、まったく何も変わらないこともあるわけです。

表10 アンコンシャスバイアスから生じる問題点

職場での問題例	人間関係
・人間関係が悪化する ・組織風土が悪くなる ・風通しのいい対話がなくなる ・ハラスメントが生まれる ・コンプライアンス違反が起こる ・イノベーションが生まれにくい ・ダイバーシティ（多様性）が推進されない ・職場の雰囲気がギスギスする	・やる気がなくなる ・自分を過大評価／過小評価する ・ネガティブになりがちになる ・イライラが増える ・言い訳が増える ・挑戦できなくなる ・成長の機会を失う ・遠慮がちになる

出典：一般社団法人アンコンシャスバイアス研究所ホームページ

アンコンシャスバイアスの結果、なんとなく職場の雰囲気がギスギスするけれども、その原因がよくわからなければ、改善の手が打てません。ハラスメントがあって圧力が強まると、なおも言いたいことが言えずに、風通しのよい対話が失われます。

職場の人間関係が悪化することが続けば、よくない職場風土がつくられてしまいます。ものが言いにくければ、不正がまかり通って、それを誰も止められなかったり、新しい大胆な提案が言い出しにくくなったりして、イノベーションも生じにくくなります。このように、組織にとってよいことはありません。

その結果、どうなるでしょうか。みんな

遠慮がちになり、職場の活気は失われ、やる気がなくなったり、イライラすることが多くなったりするでしょう。

さらには、うまく事が回らなくなり、1人ひとり、できないことへの言い訳も多くなります。できないことが自分のせいだとは感じられにくいからです。挑戦や成長ができない職場では、ひとりががんばってもなかなか変わりません。

そうすると、無力感に囚《とら》われやすくなるでしょうし、ネガティブにもなります。イライラするので、人の成果に対しても否定的になります。結果として、なお相互不信が起こり、ますます職場の雰囲気が悪くなってしまうのです。

アンコンシャスバイアスを脱する7つのステップ

アンコンシャスバイアスを生み出す原理を1人ひとりが深く理解することが、結局はアンコンシャスバイアスを減らしていく最高の王道です。

しかし、なかなか難しいと感じられる場合もあるでしょう。最終的な目標地点に向かって、ふだんから心に留《と》めておける、努力できる方法を、ここではステップ式でまとめてみました。

ステップ❶ 相手と自分を置き換える

まずは、相手の気持ちになってみることです。自分がそのように思われたら、扱われたらどう思うかと、立場を置き換えて考えてみます。

障害者問題を論ずるゼミでは、車椅子に試乗《しじょう》することがあります。車椅子に乗ったとき、ふだん自分が見慣れている道や階段がどのように見え、感じられるのか体験してみるのです。自分とは異なる立場に置き換えて物事を見ることによって、理解が深まることがあります。

夫婦関係でも同じです。ふだんお互いに任せきりだったことがあるなら、実際に役割を取り替えてみるのです。そうして動いてみることで、初めて理解が深まります。

これらの例のように、相手の立場に立つことを「視点取得」と言いますが、頭のなかでシミュレーションできるようになるとさらにいいでしょう。

他者の目を通して、自分の行動を見つめ直してみる。そこで、他者から受ける扱いやことばを疑似《ぎじ》体験したり、想像してみることで、自然にわかってくることがあるのではないでしょうか。

視点取得は、共感性を形成するひとつの要素だと考えられています。そして共感性は、偏見や差別を低減する強力な要因であることが知られています。

ステップ❷ 自分を振り返る（メタ認知力を高める）

視点取得することで、自分と相手の立場の違いへの気づきがあることでしょう。そんな気づきが自覚できたなら、次のステップに進みます。

自分が「当たり前」と思ってきたことについて、振り返ってみましょう。

自分を客観的に見ることによって、何が変わるのかといえば、自分がもっている固定的な考えや考え方のクセに気づくことができるのです。

たとえば、これまで女性社員に対して、「○○ちゃん」と呼んだり、セクハラじみた言動をとっていたような男性も、自身のもつ考え方を点検することができます。

第三者の目で自分の理解を検討することを「メタ認知」と呼びます。「メタ認知力」を高めることで、間違った対応をしそうになった場合もすばやく気づくことができます。

メタ認知の力をつけることは、つねに頭がよく回ることを促進するので、認知症の予防にもなります。

時代の流れや周囲の考え方についていけなくなるのは、視野が狭くなっているからです。自分の考え方を客観視していれば、新しい考え方にも柔軟についていきやすくなります。あたかも第三者のような目で自分を振り返ることができるメタ認知力は、現代においてとりわけ重要な能力だと考えられています。

だからこそ、ふだんから自分の行為のチェックとして、振り返りを行なう習慣があると役立つのです。

ステップ❸ 対話してみる

日常の具体的な場面では、1人ひとりがどう思うか、何を考えるかは違っているものです。

たとえば、育児休暇をとった部下に対し、「育休期間が終わったあとも、赤ちゃんのために早く帰宅してほしいから、重大な仕事ではなく、軽めの仕事を振る」という上司がいたとします。

上司は「よかれ」と思っているのでしょう。しかし、部下本人が本当にそれを望んでいるかどうかは、それぞれの家庭の事情によります。

そこで、対話です。

相手の話を聞いてみないことには、それぞれの家庭の事情はわかりません。こちらで一方的に想像して、よかれと思って軽い仕事をお願いしても、部下の不満を買うだけかもしれません。

率直に意見交換することです。そこでまた気づきもあるでしょうし、それを通して、「人それぞれだ」と多様性を認識することもあるでしょう。

相手の話をさえぎって止めたことはありませんか？　自分が話したいことが強くあるために、相手が話そうとしているのを黙らせたりしていませんか？　人の話は自分が成長するチャンスです。新たなことを知るチャンスです。

自分自身がしゃべることからは、自分の知識以上のことは出てきません。人の話を聞いて初めて、知らなかったことを知るのです。

ですから、自分で話すよりも、人の話を聞いたほうが絶対に得なのです。それなのに、相手の話に耳を傾けることをやめたりしていませんか？

自分が問題のある発言をしたことを、誰かがやんわりと注意してくれているかもしれません。そんなとき、まったく気にもせず、歯牙《しが》にもかけないような対応をしていませんか？

思慮《しりょ》深く、ゆっくりと人から言われたことを咀嚼《そしゃく》して考えてみる、そして対話を続けていくことだけでもずいぶん自分が変わり、柔軟になると思います。

ステップ❹ 個人対個人の問題と考える(多様性を認める)

対話で知り得た相手の希望や考えは、個人、つまりその人独自の考えかもしれません。女性の部下ひとりから話を聞いて、「女性の部下たち一般の希望は」と主語を大きく考えてはいけないのです。

女子校、女子大育ちで、それほど男性とつき合うことなく結婚した女性が、結婚直後、よく雑談のなかで、「男の人って」というセリフを発していました。

しかし、よくよく聞いてみると、「男の人」のサンプルは、女性の夫1名のみ。彼女は個人の習慣の違いに驚く、まさに〝新婚あるある〟を語っていただけでした。新婚生活での驚きを、すべて「男の人一般」のせいにしていたわけです。

「男の人」といっても多様です。男性読者の方は、自分たちが〝被害〟を受ける側になると、「それは単純すぎる」「男だっていろんな人がいる」と感じることでしょう。

まったく同じことで、女性もさまざまな考え方をもっています。ひとりの部下がそう言ったからといって、女性すべてがその部下と同じ考えをもっているわけではありません。

やはり、１人ひとりとの対話が重要なのです。

ひとりの個性的な人間として相手と対する。そして多様性を認める。これが、アンコンシャスバイアスから脱するための、すべての基本となるでしょう。それはそのまま、相手を尊重する態度というものになってきます。ステップが上がってきましたね。

ステップ⑤ 自分も得をしているのだと考える

ステップ４までの考えをとることを、自分だけがんばるような自己犠牲の気持ちで、がまんしながら行なっても限界があります。そもそも自己犠牲の気持ちでいては、長続きしないでしょう。

でも、自分にも得があると考えたら、どうでしょうか。

私も階段を上るのがきついとき、ゆっくりとスロープを歩くことがあります。多様な人たちに社会が対応することは、一見効率的ではないように見えるかもしれません。しかし長い目で見ると、たとえば貴重な人材がたまたまケガをし、その後の不自由さが増えたからといって、離職してしまうほうが損失です。

学校も職場も役所も、さまざまな人が不自由なく出入りができる状態を維持することはけっして効率を落とすことではありませんし、仮に若干、効率が落ちたとしても、世の中には効率よりも大切なことが現れる場面もあります。

誰にでも開かれて、暮らしやすい社会は、自分にとっても安心できる、暮らしやすい社会でしょう。日本は「滑《すべ》り台社会」と言われるように、まっすぐの人生行路で一度つまずくと復帰するのが難しい社会です。

離職をしたあとに、学び直しが自由かつ安価にできたり、何歳からでも思い切った起業が奨励《しようれい》されたりする、年齢にとらわれない社会のほうが、結局は1人ひとりの自由度も高まります。

やり直しがきく社会では、失う労働力を減らし、防ぐことができますから、最終的に社会の豊かさとして自分にも返ってきます。人口減が進む日本社会だからこそ、働き方や生き方の柔軟性を高めていくことで、少ない人数で生産性を高めることもできるかもしれません。

そして、自分の関心に沿ったかたちで人生の歩み方を調整することは、1人ひとりの生き方の豊かさや充実感を上昇させるでしょう。その結果、互いにイライラしない社会となり、その安らぎは自分にも返ってくるのです。

社会全体としてストレスが増加すれば、それが起因《きいん》するさまざまな病気によって健康保険の自己負担分の値上げにつながりかねません。ほかの人の心理的健康でさえ、よくよく考えれば、自分自身の健康維持や懐《ふところ》具合にしっかり連動しているわけです。不安が減り、イライラが減れば、職場でハラスメントをする人もまた減っていくでしょう。

ゆとりのある社会が心のゆとりを生み、幸福感を押し上げて、それが他者の幸福感にもつながっていく。人間社会とはそういうものではないでしょうか。

ステップ❻「自分も変わることができる」と信じる

ステップ6では、ここまでの流れを自分のなかで定着、強化させる考え方を示します。

大学の授業で、学生に偏見や差別について話を聞くと、「なかなか変わらない」「変化するのは難しいのではないか」という感想を漏《も》らすことがあります。

けれども、私の世代が大学生のころは、「お母さん」が専業主婦であることが一般的であった時期でもあり、結婚・出産のあと、自営業ならばともかく、会社員として女性が働き続けるということはまだ多くありませんでした。

意外に思えるほど、世の中は急速に変わっているのです。子どもの貧困問題も、平成不況の30年で悪化した現象です。

世の中も変われば、そこで生きている人びとの意識も変わります。かつて、大人の男性の多くは喫煙していました。これもあっという間に、以前よりも少数者へと変化していきました。喫煙という行為をどう見るかという人びとの意識自体も変わったのです。

まだ10年、15年しか世の中を見ていない場合、世の中はなかなか変わらないように見えるかもしれませんが、30年、50年のスパンで見れば、世の中も、人びとの意識も、かなり変化するものです。意識して努めれば、自分自身の考え方などもっと早く変化させることができるに違いありません。

変化を信じる人は、信じない人よりも実際に成長し、パフォーマンスが向上することも知られています。

ステップ⑦ 誰も自分の未来はわからない（未来の安心のために）

世の中には高齢者差別、高齢者偏見という残念なものがあり、とくに若い世代では、高年齢になることで思考力が弱まると思いがちです。実際には、短いスパンでの記憶は減退しますが、考える力が弱まるわけではありません。

それに、自分も命ある限り、いつかは高齢者になっていくのです。「自分自身の未来である」と思えば、もっと高齢者の気持ちを聞いてみよう、理解してみようと寄り添える気持ちになるのではないでしょうか。

突然の病気や事故などで、中途障害者になったという方も多くいます。誰でも、いつ自分が当事者になるかもしれないのです。福祉が手厚い社会というのは、自分自身が安心できる社会なのだということです。

生活保護も同じです。「働けるのに働かないだけなのでは」「貧困は自己責任だ」といった言説《げんせつ》がネット上でささやかれていますが、自分も突然、病気などによって仕事を続けられなくなる可能性はあるのです。行き先が不透明な世の中で、読者の方々もまったく無関係ということではないでしょう。

遠慮せずに、いつでも生活が保障される世界は、自分自身が安心を得て救われる社会です。誰も自分の未来はわかりません。マイノリティに配慮した社会は、自分の未来がどうなっても安心できる社会ということです。

どうなるかわからない未来に対しても、ふだんから「それでも安心」と思える人生と、そうでない人生とでは、幸福感も違ってくると思いませんか？

▼アンコンシャスバイアスを乗り越えた先にあるもの

ステップ7において、アンコンシャスバイアスから脱することは、自分の安心にもなるということを述べました。

自分のためにもなるというのはよいのですが、ちょっと自己中心かもしれません。もっといいことばで、この本を締めくくりたいと思います。

この章の最初で、「価値」について考えました。さまざまな価値観を日本で調査してみると、もっとも支持されているのは、「周りの人と仲良く過ごす」ことです。出世することでも、お金持ちになることでも、有名になることでもなく、「周りの人と仲良く過ごす」。ある意味、すばらしいことです。年齢を重ねて仕事を引退すると、人生は仕事で終始することではないと気づきます。

人生100年時代だとすれば、70歳で仕事をやめたとしてもまだ30年あります。引退後、どう過ごすか？　これは今、多くの人にとって、とても大きな人生テーマになっています。「引退後は地域に貢献するぞ」と言っても、それまで地域社会に積極的にかかわっていなければ、それはゼロからの出発です。

結局、人生において、どのように人間関係をつくってきたかが、最後までかかわってくるわけです。もちろん、遅すぎるといったことはありません。しかし、2章で見たような威張《いば》った態度からは卒業しなくてはなりません。

地域に戻ればみんな平等、高齢者のひとりにすぎません。そして、死ぬときには会社の社長であったことなど何の意味ももちません。ベッドの脇で自分の手をじっと握ってくれている人がいるかどうか。そんなことのほうが大切ではないでしょうか。

人にとってもっとも生きがいになること。それは、周りの人から正当にリスペクトされているかどうかです。自信満々で独創的な成果をどんどんあげてきた人も、誰もその成果を評価しなかったら、寂《さび》しいのではないでしょうか。

孤高だったと思っていても、誰かが評価して、応援していたのではないでしょうか。自分が生きてきたしるし、自分の人生、それが評価されることは大切でしょう。誰かが人生のなかであなたに会ったことが、かけがえのない素敵なことだった。そう思ってもらえたら、嬉しいのではないでしょうか。

その一方、いつまでもあなたから受けたつらいひと言を忘れられないで、心で泣いている人がいるかもしれません。

アンコンシャスバイアスを乗り越えることは、自分のためであると同時に、人の幸せのためでもあります。周りの人に少しでも人生の幸せを感じてもらう態度、それが本書で示した気をつけるべき究極の点かもしれません。

そして、周囲の人の幸せな気持ち、周囲の人からの感謝が向けられることに、意味があると感じられるならば、完全な利害の一致です。

もうこれは、自分のためか、人のためかという問いを超えた次元にある、人生で大切な生き方のひとつなのだと言えるでしょう。

少しでも、みなさんの人生が幸せになるように祈っています。

あなたにもある 無意識の偏見
アンコンシャスバイアス

2021年7月20日　初版印刷
2021年7月30日　初版発行

著者◉北村英哉

企画・編集◉株式会社夢の設計社
東京都新宿区山吹町261　〒162-0801
電話（03）3267-7851（編集）

発行者◉小野寺優

発行所◉株式会社河出書房新社
東京都渋谷区千駄ヶ谷2-32-2　〒151-0051
電話（03）3404-1201（営業）
http://www.kawade.co.jp/

DTP◉イールプランニング

印刷・製本◉中央精版印刷株式会社

Printed in Japan　ISBN978-4-309-50426-1